NEW DEAL A AMSTERDAM

SÉRIE LE MERCENAIRE

N° 1 ŒIL POUR ŒIL
N° 2 SANG ET MORT AU GUATEMALA
N° 3 LE COMMANDO DU IVe REICH
N° 4 PISTE SANGLANTE
N° 5 L'ULTIMATUM
N° 6 RAID SUR L'AFGHANISTAN
N° 7 LA LOI DU SILENCE
N° 8 LE CONTRAT DE LA TERREUR
N° 9 LES TUEURS DU RIO NEGRO
N° 10 TERMINUS HONG KONG
N° 11 COUP DE FORCE A MOSCOU
N° 12 MAGIE NOIRE ET ARME BLANCHE
N° 13 ATTENTAT A WINDSOR
N° 14 COUP FOURRÉ EN COLOMBIE
N° 15 TEMPÊTE CHINOISE
N° 16 PRISE D'OTAGES
N° 17 LES ASSASSINS D'ATLANTA
N° 18 DERNIER VOYAGE A VENISE
N° 19 LE TRIANGLE D'OR
N° 20 RAZ DE MARÉE SUR HOKKAÏDO
N° 21 PÉRIL AU BRÉSIL
N° 22 FILIÈRE PAKISTANAISE
N° 23 LES TUEURS DE BABYLONE

AXEL KILGORE

LE MERCENAIRE

NEW DEAL A AMSTERDAM

ADAPTÉ DE L'AMÉRICAIN
PAR RENÉ BALDY

PRESSES DE LA CITÉ
PARIS

Photo de la couverture : Jérôme Da Cunha
Armurerie Jeannot - Levallois

ISBN 2-258-02182-0
ISSN : 0295-7124

CHAPITRE PREMIER

Dorothy Skelding compta son pécule, y préleva cent florins puis roula les billets restants, les attacha avec un élastique et les rangea dans son petit sac de toile grège. Cent florins. Voilà tout ce qu'elle pouvait encore se permettre de dépenser si elle voulait garder de quoi rentrer chez elle. Parce que, finalment, elle avait décidé de rentrer. Dès demain, elle descendrait en stop sur Ostende ou sur Dunkerque d'où elle pourrait prendre un bateau à destination de Douvres. Même s'ils étaient un peu coincés et vieux jeu, ses parents n'étaient pas de mauvais bougres. On trouvait pire, bien pire. Quinze jours de fugue, ça devait leur avoir donné le temps de réfléchir.

Elle pensa à sa mère, probablement morte d'inquiétude, et en éprouva un petit pincement de culpabilité. Mais elle était majeure depuis deux mois, après tout ! De quel droit son père l'avait-il giflée comme une gamine parce qu'il l'avait surprise à flirter dans la rue ? Sûr qu'après le coup qu'elle leur avait fait, il ne s'aviserait plus de recommencer.

Dorothy tassa son maigre barda dans un casier de métal beige et boucla la porte. A la gare centrale d'Amsterdam, c'était un véritable tour de force d'arriver à se procurer une consigne automatique. Et quand on en avait une, on ne la lâchait pas. Presque tous les compartiments étaient occupés en permanence par les routards qui les utilisaient comme coffres-forts. C'est l'été que la demande était la plus forte quand, délaissant les squats, les sans-abris dormaient à la belle.

Dans le ventre de la gare, un train en partance poussa un hurlement déchirant. Dehors, le soleil au déclin s'en donnait encore à cœur joie, dorant les pavés de Stationsplein, ruisselant sur les vitres des véhicules et des bâtiments, scintillant sur les rails des tramways. On avait dépassé la mi-juillet et, depuis son arrivée à Amsterdam, Dorothy n'avait eu que du beau temps. Malgré la fraîcheur des nuits et l'humidité qui montait du bassin, elle avait économisé le prix de l'auberge de jeunesse en partageant avec les zonards un grand ponton de bois, mouillé dans les eaux glauques de l'Openhaven, juste devant la place de la gare.

La lumière était si vive encore que Dorothy dut mettre une main en visière sur ses yeux noisette lorsqu'elle sortit de Centraal Station. Elle s'arrêta devant la bâtisse de brique rouge ornée de trois grosses pendules dorées et acheva d'enfouir au fond de sa poche son billet de cent florins et sa clef de consigne. Pas commode avec le jean serré qu'elle portait. L'exercice la contraignit à des contorsions qui animèrent son popotin et firent valser ses longs cheveux blonds sur ses reins cambrés, ce qui attira sur elle plusieurs regards appuyés de représentants du sexe opposé, vivement intéressés. Il est vrai que Dorothy Skelding était un beau brin de fille. Son jean moulant et sa chemise blanche, sciemment débraillée et fermée par un nœud au-dessus du nombril, rendaient encore plus sexy cette grande gosse bronzée, bien développée, insolente de jeunesse et de fraîcheur.

Sur Stationsplein, la place de la gare, et sur le pont qui la reliait au Damrak, une ribambelle de taxis, de bicyclettes, de piétons et de tramways jaunes, se croisant, se suivant, divorçant soudain puis, de nouveau, se rejoignant, dansaient une sarabande apparemment chaotique mais, en fait, parfaitement orchestrée.

Amsterdam grouillait, comme toujours. C'était l'heure incertaine où la ville semblait hésiter à passer du jour à la nuit, à basculer dans les bras d'une autre horde d'amants. Banquiers, vendeurs, fonctionnaires, sages employés allaient prendre leur transport quotidien pour regagner leur domicile de banlieue, cédant graduellement la place aux noctambules, badauds, touristes, dessinateurs de trottoir, cracheurs de feu, paumés en tout genre, dealers, camés, prostituées et flics en civil (mine de rien, il y en avait tout de même quelques-uns).

Au fond du bassin, les eaux sales léchaient l'immense ponton, aussi vertes que la soupe de pois, spécialité culinaire de la ville, et presque aussi épaisses. Ici, une sorte de statu quo écologique s'était instauré pour le partage du territoire. Les occupants du ponton ignoraient les bateaux qui chahutaient leur appartement de plein air, leur malmenaient les oreilles et leur crachaient au nez des bouffées de gazole. Et le personnel des vedettes vitrées qui promenaient le touriste sur les canaux ignorait les zonards tant qu'ils ne terrorisaient pas le client et ne gênaient pas la circulation sur le ponton. Bel exemple de cohabitation à la mode d'Amsterdam. Dans la journée, d'ailleurs, l'existence des squatters se matérialisait uniquement par la présence de leurs hardes, laissées à la garde de l'un d'eux. Les autres étaient éparpillés dans la ville à dessiner sur les trottoirs, cracher le feu, récolter quelques florins dans le commerce du cannabis.

Pantalon de cuir noir enfilé dans ses santiag, Barbour de motard bâillant largement sur sa poitrine musclée, yeux fendus comme ceux d'une panthère et peau aussi noire que son cuir, Gus n'avait pas le look usuel des occupants du ponton. Né trente-cinq ans plus tôt à Paramoribo, capitale de l'ancienne Guyane hollandaise rebaptisée Surinam depuis l'indépendance, Gus avait hérité sa peau d'ébène et ses cheveux crépus de ses ancêtres africains, ses pommettes et ses yeux bridés de ses ancêtres asiatiques. Quant à ses ancêtres néerlandais, ils lui avaient transmis un nom difficile à porter quand on était le produit d'un tel mélange de races. Pour l'état civil, Gus était, en effet, Gustav Hendrijk Botha. Arrivé aux Pays-Bas dans les années 70, il avait d'abord suivi une formation de conducteur de tram, avait ensuite travaillé quelques mois au GUB, les transports publics d'Amsterdam, puis, en mal d'aventure, s'était mêlé aux actions terroristes de Moluquois avec lesquels il n'avait aucun intérêt particulier. Au bout du compte, Gus s'était recyclé dans un secteur plus tranquille et plus rémunérateur : le deal de la drogue.

Le dos calé contre le quai de pierre, les fesses sur le bois rugueux, Marcus Heselaars somnolait, le corps saturé d'héroïne, les jambes écartées et ballottant mollement selon les balancements du ponton.

— Ils ont le moral de laisser leurs bagages à la garde de ce junkie..., murmura Gus en approchant bruyamment sur les planches grossières.

Même le claquement de ses santiag ne réussit pas à sortir Marcus de sa torpeur. Gus réveilla le zonard en shootant dans ses croquenots comme s'il tirait un pénalty.

— Debout, là-dedans !

Heselaars souleva une paupière boursouflée. D'abord une expression de terreur apparut sur son visage sale et mal rasé. Puis, au bout de quelques secondes, le message visuel atteignit son cerveau. Il reconnut Gus et se rasséréna.

Le Noir lui plaça une photo sous le nez.

— Alors, Marcus, c'est elle ?

S'aidant d'un ongle aussi noir qu'un catafalque, Marcus élimina les miettes jaunâtres qui s'étaient accumulées aux commissures de ses paupières.

— Ouais, dit-il enfin, c'est elle.

— T'es sûr ? demanda Gus. Tu sais que ça bouge, en ce moment, au niveau de la fourniture et que les nouveaux maîtres ne sont pas des rigolos. Ils n'aiment pas qu'on fouine dans leur business. Si tu la reconnais, formellement, elle risque gros. Il faut que tu en sois bien conscient.

La photo était prise de loin, et assez floue.

— Mais ouais, je te dis que c'est elle. Ça fait quinze jours qu'elle pieute ici et elle s'est pas piquée une seule fois.

Pour Gus, ça faisait de lourdes présomptions. Mais il n'avait qu'une confiance limitée dans la lucidité de Marcus Heselaars. Par ailleurs, une longue expérience du monde des camés lui avait enseigné que beaucoup d'entre eux étaient prêts à vendre père et mère pour une dose.

— Marcus, reprit-il. Tu dois être absolument certain de ce que tu affirmes. Si tu dénonces cette nana pour rien, ils ne pourront pas faire machine arrière. Si on s'aperçoit plus tard que tu nous a menés en bateau, tu me le paieras cher, très cher.

Marcus faillit lui ricaner au nez. Le payer cher ? Qu'est-ce que ça voulait dire pour Gus ? Une balle entre les deux yeux, probablement. Si Marcus en avait eu le courage, c'est ce qu'il aurait déjà fait depuis longtemps. Alors, quelle différence ? Il s'abstint simplement de commentaire parce qu'il n'avait pas touché sa prime.

Coup d'œil à droite, coup d'œil à gauche, puis Gus sortit de sa poche un petit sachet de poudre blanche et une seringue. Marcus tendit une patte crochue, mais le Noir eut un geste rapide pour soustraire la came à sa convoitise et la remplaça par le cliché.

— Je veux que tu sois sûr, répéta-t-il.

Marcus prit la photo entre ses mains crasseuses. On y voyait une femme jeune, entre vingt et vingt-cinq ans, très belle, grande, blonde, avec de superbes yeux noisette.

— Plus sexy que moi, tu meurs, commenta-t-il avec un rire graillonnant. Ouais, Gus, je te dis que c'est elle. Pour être encore plus sûr, je vais la tester. OK ?

Gus jeta le sachet et la seringue, qui tombèrent sur la cuisse molle de Marcus Heselaars. L'autre attrapa le tout et le fourra avidement dans une poche de son falzar. Gus le détailla d'un œil clinique. Ce type-là n'en avait plus que pour quelques mois à vivre.

— Très bien, dit-il en regardant Marcus avec dégoût, teste-la. Si c'est positif, tu me l'envoies dès ce soir où tu sais, derrière l'Oude Kerk. Demain, tu auras deux autres doses en paiement.

Il pivota sur place et s'éloigna vers l'escalier de bois qui donnait accès au ponton. Il ne vit pas la lueur de convoitise s'allumer dans les yeux du camé. Il entendit simplement sa voix de rogomme grogner un vague « Okay ».

Marcus, bien sûr, savait que ce qu'on lui demandait de tester, c'était la fille, pas la came. Avec Gus, la came était toujours de première. C'était une chose pour laquelle on pouvait lui faire confiance. La seule, peut-être.

Marcus laissa ses paupières retomber lentement. Ils avaient vraiment raison de se méfier. Ça faisait bien deux semaines que cette Dorothy traînait ses guêtres dans le secteur et personne encore ne l'avait vue se shooter. De quoi s'inquiéter, tout de même.

*
**

Dorothy traversa Stationsplein et tourna à droite, longeant l'Openhaven. A plusieurs mètres en contrebas, les eaux ne recevaient déjà plus le soleil et commençaient à prendre leur couleur épinard de la nuit. Elle atteignit rapidement l'endroit où Stationsplein se rétrécissait pour devenir un passage pavé entre la gare et l'eau. Le bassin était bordé par une haie de platanes où gîtaient les pigeons et les mouettes d'Amsterdam, témoins la croûte de fiente blanche qui jonchait le sol à cet endroit et l'odeur âcre qui vous prenait à la gorge. Ici et là, des seringues sanglantes étaient abandonnées sur le pavé, indiquant qu'on approchait du havre des junkies. Dès le premier jour, quand elle avait vu ça, Dorothy avait relégué ses espadrilles à la consigne de Centraal Station, et avait pris l'habitude de se chausser solidement quand elle allait au ponton. En espadrilles, un coup de pied malencontreux dans une aiguille contaminée et bonjour le sida. Merci, très peu pour elle.

Dépassant l'arrêt des tramways 4 et 5, elle descendit les dix marches de bois. Au ras de l'eau, il faisait presque nuit, déjà, et beaucoup plus frais que sur Stationsplein. Tout au bout de la grande plate-forme, elle aperçut Marcus, seul, près d'un monticule de sacs de couchage, de balluchons, de valises en carton fermées par des sandows. En approchant, elle vit que le Hollandais, un garrot autour du bras, était en train de se shooter à l'héroïne. Avec un frisson d'horreur, Dorothy s'assit, le dos contre la pierre du quai, détournant la tête.

D'un coup sec, Marcus Heselaars arracha l'aiguille plantée dans son bras. Il poussa un grognement de bien-être et, sans même se soucier du sang qui perlait, défit le garrot puis rabaissa la manche de sa chemise crasseuse. Il rangea ensuite son attirail dans une boîte métallique, sourit à Dorothy et lui proposa dans un anglais cahotique :

— *What about a shoot of horse* (1) ?

(1) Un shoot d'héro, ça te branche ?

Dorothy Skelding ne put s'empêcher de frémir.

— T'es dingue, Marcus..., murmura-t-elle doucement pour ne pas le heurter. Tu n'as jamais pensé à l'overdose ou au sida ?

— Bôf, fit le Hollandais, crever de ça ou d'autre chose...

Le détachement avec lequel, il envisageait ces sinistres éventualités fit frissonner Dorothy.

Malgré ses yeux vitreux, Marcus l'observait. Il s'efforçait de réfléchir avec ce qui lui restait de lucidité. Puis il décida que le test était positif : non seulement, Dorothy ressemblait à la silhouette de la photo mais, en plus, elle refusait de se piquer. Aucune hésitation, il allait suivre la procédure indiquée par Gus. Ce soir, il envoyait la fille au Surinamien et demain, il aurait sa récompense.

Elle le regarda et tressaillit perceptiblement. Dire qu'elle avait laissé ce type l'embrasser, la caresser même ! Heureusement qu'ils n'étaient jamais allés plus loin. De toute façon, plus elle le côtoyait, plus elle était persuadée que Marcus était, depuis longtemps, hors d'état de faire l'amour à une fille. Il était pitoyable. Pas le mauvais bougre au fond. Plutôt gentil même. Mais quelle loque ! Elle l'examina. Ces yeux cernés. Ces joues rugueuses de barbe roussâtre. Cette crasse. Comment avait-elle pu se laisser toucher par ce débris ? Il fallait dire que, depuis deux semaines qu'elle le connaissait, il s'était considérablement dégradé. A son avis, si Marcus continuait à ce rythme-là, il n'en aurait plus pour longtemps.

Il sourit, un sourire baveux.

— Dorothy ?

Ils étaient seuls. Elle crut qu'il allait encore lui faire une proposition. Merci bien !

— Non, répondit-elle d'un ton ferme.

Il haussa les épaules et son sourire baveux s'élargit.

— Mais, ce n'est pas ça, dit-il. C'est... c'est que je ne me sens pas dans mon assiette... Tu ne voudrais pas aller trouver Gus pour moi ce soir ?

Elle essaya de le raisonner.

— Marcus, dit-elle d'une voix douce. Tu ne te rends pas compte que tu te détruis ?

Le Hollandais lui lança un long regard suppliant de ses yeux chassieux et injectés.

— *Please,* Dorothy ! Il faut que tu y ailles. Il a de l'héroïne pour moi. Et, si je n'ai pas ma dose dans la nuit, je suis capable d'en crever. Gus t'as déjà vue avec moi, il ne te demandera rien. Il viendra juste me trouver demain pour que je le paye.

Dorothy hésitait encore.

— *Please,* Dorothy..., larmoya lamentablement Marcus Heselaars.

Il était tellement pathétique, avachi, incapable de bouger. Et, après tout, peut-être en avait-il réellement besoin pour survivre. De toute manière, au point où il en était, à quoi bon lui refuser ?

— Où ? demanda la jeune Anglaise.

— Oudekennissteeg, juste derrière l'Oude Kerk.

Juste derrière l'Oude Kerk, certes, mais aussi juste entre les canaux d'Oude Zijds Voorburgwal et d'Oude Zijds Achterburgwal, c'est-à-dire en plein Walletjes, le quartier rouge. Très pittoresque, ce quartier d'Amsterdam, rendu célèbre par les vitrines ornées de lanternes rouges derrière lesquelles les racoleuses attendaient le client, devenait, passée une certaine heure, un véritable coupe-gorge. Quand ouvraient les sex-shops, les life-shows et les claques, mieux valait aller se promener ailleurs que dans ce fief de la drogue et de la prostitution sous toutes ses formes, surtout en ce moment où les Chinois de Hong-Kong s'employaient à faire main basse sur ces juteuses activités. Depuis quelque temps, en effet, le quartier rouge ne devait plus uniquement son nom à la couleur des lanternes des « dames » mais aussi au sang des victimes de règlements de compte.

Malgré l'influence de la tisane à base d'héroïne qui lui irriguait la cervelle, Heselaars remarqua l'inquiétude de la belle Dorothy. Dans un sursaut d'énergie, il se redressa.

— Si t'y vas tout de suite, t'as pas d' mouron à t' faire, dit-il sur un ton rassurant. Tant que les touristes sont pas rentrés se coucher, c'est aussi tranquille là-bas que n'importe où à Amsterdam.

C'était vrai, surtout l'été. On ménageait le

touriste. Ça faisait partie du statu quo. Dans la journée et jusqu'au début de la nuit, le quartier rouge sacrifiait au folklore. C'était plus tard seulement que les castagneurs, les camés provocants et les skinheads colonisaient le terrain. Dorothy consulta sa montre et hocha la tête. En partant tout de suite et en marchant vite, elle pouvait être de retour au ponton avant la nuit noire. Le centre historique d'Amsterdam avait gardé ses dimensions de gros bourg médiéval et, à vol d'oiseau, il ne devait guère y avoir plus de six cents mètres entre Centraal Station et l'Oude Kerk, la Vieille Eglise.

Dorothy gagna l'escalier de bois pour rejoindre Stationsplein. La course pour Marcus venait de lui donner une idée. Au lieu de s'engager directement sur le pont qui faisait face à la gare, elle se dirigea vers l'office du tourisme de Stationsplein. C'était encore ouvert. Elle acheta une carte postale représentant le Rijksmuseum, un bâtiment Renaissance en brique rouge qui ressemblait plus à une gare que Centraal Station elle-même mais qui recelait des trésors artistiques. Elle écrivit un petit mot pour annoncer son retour à ses parents et, souriante, quitta le kiosque vitré. Elle était contente de sa résolution, contente de mettre un terme à leurs angoisses.

D'un pas vif, elle franchit le pont, jetant un florin dans la sébille d'un joueur d'orgue de barbarie. Elle allait poster la carte au passage sur le Damrak. Elle était heureuse. Cette simple décision la délivrait d'un grand poids.

***

Crâne tondu, tête carrée, pantalon noir enfilé dans les Docs, bras gonflés de muscles, couverts de tatouages « Oï » et de signes cabalistiques variés, les skinheads étaient plus vrais que nature. Tous trois portaient un tee-shirt à l'emblème des Skrewdrivers, leur groupe rock fétiche. Le plus grand et le plus laid des trois avait une face de boxeur avec ses oreilles décollées et son nez aplati. Il se faisait appeler Stonba, le verlan de « baston », son activité favorite. Près de lui, à peine plus petit et aussi monstrueusement musculeux, c'était Klonezy. Inutile de connaître le verlan pour comprendre le pseudo de celui-là ; le tatouage de l'emblème guerrier de la Zyklon Army, à la devise « croire, combattre, obéir », qu'il portait sur le bras gauche était suffisamment explicite. Parmi les peintures de guerre du troisième lascar, on pouvait reconnaître le logo de l'ANWB, le mouvement d'extrême-droite afrikaner. Son pseudo, en revanche, avait une consonance moins martiale. Il s'était lui-même baptisé Jumbo parce que — prétendait-il — il possédait la trompe la plus belle et la plus frétillante de l'hémisphère nord.

Même un spécialiste n'aurait pu se rendre compte qu'à la vérité, ces trois impressionnants spécimens n'étaient pas d'authentiques skinheads. Il est vrai que leur attirail était irréprochable depuis les Docs qu'ils portaient aux pieds jusqu'au lustre du crâne tondu en passant par l'Opinel, effilé comme un rasoir, plié dans la poche du pantalon. Leur idéologie, au demeurant, était tout à fait conforme à celle de leurs héros. Politiquement, le GUD français ou des mouvements néo-nazis comme celui du sud-africain Eugene Terreblanche n'auraient pas désavoué les positions de Stonba, Jumbo et Klonezy. Il est vrai que Ko Tching Yuan choisissait avec le plus grand soin les mercenaires qu'il employait pour garantir la pénétration de son organisation en Europe.

Chinois de Hong-Kong, important dirigeant de la triade 14 , Ko exerçait son autorité sur les Hua-chiao (1) de Hollande et de Belgique, une autorité désormais incontestée depuis que la 14 K avait éliminé toutes les têtes de la triade Ah Kong (2) qui avaient tenté de contrôler le commerce de l'héroïne à Amsterdam sans passer par la 14 K. En 1997, date du rattachement de Hong-Kong à la Chine communiste, les sociétés secrètes seraient contraintes de quitter la colonie britannique. Le rôle de Ko Tching Yuan consistait simplement à préparer le terrain sur le Vieux Continent, où Amsterdam était la tête de pont de la 14 K.

En Amérique, les affaires allaient plutôt

(1) Chinois d'outre-mer.
(2) « La Compagnie ».

bien. En moins de vingt ans, la Chinese Connection avait pratiquement pris la place de la French Connection, démantelée dans les années 70. Il est vrai que, là-bas, les luttes intestines qui affaiblissaient la Mafia italo-américaine avaient considérablement facilité la tâche des triades. Mais en Hollande, les choses n'étaient pas si simples. Fortes de l'expérience américaine, les polices antidrogue avaient réagi. Dans ses manœuvres pour faire d'Amsterdam la plaque tournante du trafic de drogue pour le monde entier, Ko Tching Yuan se heurtait à l'action conjuguée des polices de Hong Kong, de Belgique, de France, de Grande-Bretagne, des Pays-Bas, de la Gendarmerie royale du Canada. Mais l'ennemi le plus redoutable de Ko était, indiscutablement, la célèbre DEA, la Drug Enforcement Administration, des Etats-Unis. Grâce à l'action centralisatrice d'Interpol, la lutte antidrogue ne connaissait pratiquement plus de frontière. Depuis quelques années, la DEA, qui s'était fait damer le pion sur son territoire national, frappait à l'étranger, et surtout à Amsterdam, pour casser le trafic de l'héroïne sur ses grands centres mondiaux de dispatching. A cet effet, elle avait depuis quelques années spécialement formé des ABC (1) chargés d'infiltrer la 14 K. D'où l'idée de Ko d'embaucher des mercenaires au chômage pour remplacer des gros bras chinois. Or, ces derniers temps, on en

(1) *American born Chinese :* Chinois né en Amérique.

trouvait à la pelle des mercenaires au chômage sur les places de Bruxelles et de Marseille. Ko Tching Yuan ne regrettait pas son argent. Il était particulièrement satisfait des services de ses trois hommes de main, ces brutes épaisses déguisées en skinheads qui se faisaient appeler Stonba, Klonezy et Jumbo.

Il entra dans la cale de la péniche d'habitation amarrée sur une rive de l'Amstel au moment où Stomba était en train d'expliquer à ses deux acolytes la manière la plus radicale de fracturer un tibia d'un seul coup de batte de base-ball.

— Vous voyez, vous cognez là, sec, le bout ; ça augmente la longueur du bras de levier et forcément, ça donne plus de force à votre coup.

Klonezy et Jumbo répétèrent plusieurs fois le mouvement dans le vide puis reposèrent leur batte, sous l'œil satisfait de leur chef.

— *Very well,* commenta le Chinois.

Les trois monstres sourirent fièrement. Stonba était belge et seul à parler néerlandais. Klonezy et Jumbo étaient français. Entre eux, naturellement, ils parlaient anglais, le meilleur moyen de communiquer entre employeur et employés.

Ko posa deux bouteilles de Stolychnaya sur une caisse de bois retournée sur le sol. A l'exception des matelas et des coussins qui servaient de fauteuils, la caisse était la seule pièce de mobilier de cette partie de la cale, séparée du reste de la péniche par une épaisse cloison. Outre les battes de base-ball, on pouvait voir, accrochés à la paroi, deux fusils d'assaut FN-FAL, une machette, des nerfs de bœufs et un impressionnant râtelier de petits couteaux extrêmement bien affûtés. Le petit couteau avait, de tout temps, été l'arme favorite des voyous. Tant que l'engin ne dépassait pas certaines dimensions, on ne pouvait pas se faire arrêter pour port d'arme illégal. Mais, quand on savait s'en servir, une lame coupante, même courte, permettait de commettre un meurtre dans la rue dans d'excellentes conditions d'efficacité et de discrétion.

Ko Tching Yuan ajouta mille dollars près des bouteilles de vodka.

— Pour l'excellent travail que vous m'avez fait hier sur Kloveniersburgwal, dit-il. A vous partager.

Le « travail » avait consisté à couper une oreille à un dealer surinamien qui s'était mis dans la tête de faire de la revente pour le compte des Taï Heun Chaï (1), une organisation de gangsters originaires de Chine populaire, essentiellement composée d'anciens militaires, qui s'étaient réfugiés à Hong-Kong après la Révolution culturelle et s'y étaient taillé une jolie réputation dans le racket, le proxénétisme, le jeu clandestin et, bien entendu, le commerce de la drogue. Depuis deux ans, ils avaient constitué leur propre

(1) Littéralement « les Gens du Grand Cercle ».

organisation en Hollande et essayaient d'évincer le 14 K.

— Le keubla a arrêté de saigner ? demanda méchamment Stonba.

Ko hocha la tête avec une placidité orientale à laquelle il ne fallait pas se fier.

— Je crois qu'il n'est pas près de retravailler pour la concurrence, répondit-il.

— Moi, dit Stonba, plus y a de keublas à cogner, plus que je suis content. Alors, si en plus, on touche une prime...

Ko sourit. Il savait que ses sbires étaient racistes jusqu'au bout des ongles, et qu'ils aimaient bouffer du black, du keubla, comme ils disaient. Il savait aussi qu'entre eux les trois bavures l'appelaient le niacoué, mais il s'en foutait. Il les tenait par l'argent d'abord, mais surtout parce qu'il leur donnait la possibilité d'exprimer leur violence et d'avoir ainsi l'illusion d'être utiles à quelque chose.

— Un Noir doit nous rendre visite, ce soir, reprit Ko. C'est Gus, un de mes dealers sur le secteur d'Oude Kerk.

De mauvaises lueurs s'allumèrent dans les yeux des trois frappes.

— Je vous demanderai d'être convenables avec lui, enchaîna le Chinois.

Consternation des skins. Ko Tching Yuan laissa délibérément passer un long silence avant de poursuivre :

— Mais il sera accompagné d'une jeune personne et, avec elle, il n'y aura absolument pas lieu d'être convenables.

Une femme ! Des petites flammes lubriques se rallumèrent dans les yeux de Stonba, Klonezy et Jumbo.

— Je la soupçonne d'avoir été engagée par la Gendarmerie Royale canadienne, expliqua le Chinois. Depuis deux semaines, elle partage la vie des beatniks et des addicts qui occupent le ponton de bois de l'Openhaven. Votre travail consistera à lui arracher des aveux par tous les moyens.

— Et si elle ne parle pas ? demanda Stonba.

— Si elle ne parle pas, c'est que mes informations sont fausses, répondit Ko. Si elle sait quelque chose sur une éventuelle opération de la GRC, je suis sûr que vous aurez assez de talent pour lui faire avouer.

Ko Tching Yuan laissa passer un temps puis jeta sur la caisse de bois la photo que Gus avait montrée à Marcus Heselaars.

— L'information m'est parvenue par la filière de Toronto avec cette photo, poursuivit-il. Bien sûr, ce sont des renseignements à vérifier. Mais quoi qu'il en soit, flic ou pas, cette jeune personne ne devra pas quitter la péniche vivante. Après ce qu'elle aura vu, c'est un risque que je ne peux pas prendre.

Stonba écoutait, l'air pénétré, pour bien montrer à quel point il suivait attentivement le raisonnement de son patron. Jumbo s'était penché sur le cliché.

— Nom de Dieu ! s'exclama-t-il. Beau poulet de grain ! Est-ce qu'on pourra s'en servir si elle veut pas parler ?

Ko hocha la tête et répondit d'une voix neutre :

— Aucun inconvénient, du moment qu'elle ne puisse rien raconter ensuite.

— Vous pouvez nous faire confiance, assura Stonba.

— Je sais, dit le Chinois.

Désignant les bouteilles de vodka, il ajouta d'un ton complice :

— En attendant, buvez. Cela vous mettra en train.

— On balancera le corps dans le Noordzee-kanaal, dit Klonezy. Qu'il s'en aille vers la mer et qu'on ne le retrouve jamais.

— Parfait, approuva le Chinois avant de s'éclipser.

***

Un sourire fleurit sous la grosse moustache brune du Mercenaire. Délicatement, il écarta les pans du peignoir bleu et fit glisser le vêtement sur les épaules de sa maîtresse. Bess était éblouissante, comme toujours. Plus sensuelle que jamais. D'autant plus désirable qu'elle repartait ce soir pour Londres où la réclamait à cor et à cris le directeur de son agence de presse. Il s'empara de ses seins somptueux et stimula doucement leurs délicieuses pointes roses. Un vague sourire sur les lèvres, Bess se laissa caresser longuement en poussant de petits soupirs de plaisir, presque des ronronnements. Ses splendides yeux vert clair, ternis par le voile du désir, étaient braqués sur l'œil unique du Mercenaire.

— Frost, je t'aime, murmura-t-elle dans un souffle rauque.

— Moi non plus, grogna l'homme au bandeau noir, haletant.

A la caresser, il était déjà aussi excité qu'elle.

— Salaud, murmura-t-elle en glissant presque brutalement la main entre les jambes de son amant.

Bess avait toujours été la compagne parfaite. Romantique à souhait.

Les lèvres entrouvertes, elle laissait échapper de petits hoquets de plus en plus saccadés ; puis elle tira lentement sur la ceinture de Frost et fit glisser la fermeture Eclair de son pantalon ; elle en extirpa malicieusement l'objet de toutes ses convoitises à cet instant et y laissa promener ses mains en un massage subtil qui arracha un râle à son partenaire.

Bien entendu, c'est ce moment précis que le téléphone choisit pour sonner dans l'appartement de Hank Frost à Atlanta.

— Bon Dieu, grommela-t-il en reculant vers un appareil posé sur une commode dans le grand séjour. C'est à croire qu'ils le font exprès.

Bess ne dit rien. Elle avait toujours son étrange sourire aux lèvres et ce nuage trouble au fond des yeux. Dès qu'il arriva près du téléphone, le Mercenaire décrocha et, d'une voix où l'on pouvait difficilement déceler la moindre trace d'amabilité, jappa :

— Allô !

— Hank ! s'exclama une voix féminine joyeuse. Ça fait plaisir de t'entendre. Tu pourrais donner de tes nouvelles de temps en temps, vieux salopard !

Voix féminine. Connue. Mais qui ?

Le cerveau de Frost s'efforçait de rassembler ses esprits égarés tandis que Bess, implacable, cruelle, continuait à caresser entre ses paumes douces son membre tendu à l'extrême. Dur pour le système nerveux, dur pour le cœur, dur pour toute la mécanique. Bess n'avait pas l'air de vouloir le lâcher. La femme du téléphone non plus. Ah, les femmes ! Un jour, elles le feraient crever... Il essaya de gagner du temps avec celle du téléphone.

— C'est que...

— Hank, tu n'as aucune excuse, trancha la voix sur laquelle il était toujours incapable de mettre un nom. Heureusement qu'il m'arrive de temps en temps d'avoir du boulot pour toi, sinon...

Elle laissa sa phrase en suspens. Impossible maintenant de lui demander qui elle était sans avoir l'air d'un couillon. Il l'avait laissée aller trop loin. Bess aussi allait trop loin et il se sentait déjà prêt à exploser. Plaquant sa main sur le récepteur du téléphone, il supplia à mi-voix :

— Arrête, Bess...

Mais le sourire de sa maîtresse s'élargit et, d'un air déterminé, elle secoua lentement la tête pour dire « non ». Le mouvement eut pour effet d'achever le travail commencé par Frost : le peignoir tomba à ses pieds et elle se retrouva nue comme au jour de sa naissance. Frost hoqueta lorsqu'elle s'agenouilla devant lui et que, pour toute réponse, elle remplaça ses doigts par sa bouche.

— Non..., implora-t-il.

— Comment ça non ? fit celle du téléphone. Tu refuses avant même de m'avoir entendue ?

— Mais...

Et, brusquement, il se souvint. Cette voix grave, pénétrante et en même temps très féminine, était celle de Julie Jefferson. Il n'avait pas grand mérite, d'ailleurs, à l'avoir identifiée. Peu de femmes de ses intimes étaient susceptibles de lui proposer du travail.

Ancien mannequin, la belle Julie était passée par l'école de la police puis avait fondé la MPRA — la Missing Persons Research Agency —, une société privée internationale spécialisée dans la recherche des personnes portées disparues, notamment les adolescents en fugue. Une affaire qui marchait très bien. Depuis qu'ils se connaissaient, Julie Jefferson confiait parfois à Frost des missions particulièrement délicates.

— Qu'est-ce qui t'amène, JJ ? demanda le Mercenaire d'une voix hachée.

Une sensation nouvelle venait de s'ajouter

au doux contact des lèvres de Bess. Elle s'amusait à le caresser avec une mèche de ses longs cheveux blonds.

— Tu as l'air bizarre, Hank, observa Julie. Qu'est-ce qui t'arrive, darling ?

— Rien, rien, baby, tout baigne, assura le Mercenaire, les oreilles bourdonnantes des battements sourds de son cœur.

Il ne pouvait tout de même pas révéler à Julie Jefferson, bien qu'elle figurât en bonne place sur la liste de ses maîtresses occasionnelles, que Bess était en train de lui administrer la fellation la plus sublime de sa carrière. Au prix d'un gros effort, il parvint à contrôler sa voix pour lui redemander ce qu'elle voulait. Puis il se tut, trop heureux de la laisser parler pendant que Bess s'activait sur le bas de son ventre, faisant naître un plaisir qu'il n'allait bientôt plus pouvoir retenir.

— ... Dorothy Skelding, disait JJ. Elle a quitté le domicile de ses parents à Brighton au début du mois. On l'aurait aperçue à Amsterdam. Tu comprends pourquoi je fais appel à toi, je suppose...

— Oui, oui, je comprends... souffla péniblement l'homme au bandeau noir.

Julie reprit ses explications sur la disparition de Dorothy Skelding. Bess continuait de plus belle ce qu'elle avait commencé, semblable à un nourrisson vorace. Il allait devenir fou. Julie au bout du fil et Bess au bout de... Il essaya de la repousser encore une fois. Elle releva la tête vers lui, le regarda l'air meurtri et fit battre ses longs cils blonds. Il se résigna.

Il parvint à écouter Julie sans haleter, sauf une fois lorsque les seins de Bess se refermèrent comme un étau autour de son sexe tendu.

— Alors, entendu ? disait Julie. Je t'envoie sa photo et tu décolles pour Amsterdam dès que tu l'as reçue.

— Oui, oui, entendu, dit l'homme au bandeau noir.

Il aurait bien dit n'importe quoi pour pouvoir raccrocher. A nouveau, Bess venait de le happer presque jusqu'au fond de sa gorge.

— Tchao, dit Julie. Et... merci...

Frost ne répondit pas. Il raccrocha juste à temps. Serrant les dents, il crispa son visage dans une grimace presque tétanique et explosa dans un déferlement de plaisir d'une rare intensité. Bess le laissa s'épancher longuement dans sa bouche puis sourit, se releva et demanda d'un air innocent, comme s'il ne s'était rien passé :

— Qui c'était ?

— Julie Jefferson, répondit Frost qui n'avait pas encore retrouvé sa respiration.

— Et qu'est-ce qu'elle voulait ? insista Bess.

— Ça je n'en sais rien, grogna le Mercenaire en la serrant contre lui. Comment voulais-tu que je fasse attention à ce qu'elle me disait avec ce que tu étais en train de me faire.

Bess laissa échapper un petit gloussement.

— Elle te proposait un boulot, sûr. Tu as bien fait d'accepter. Au moins, ça t'évitera de te rouler les pouces pendant mon absence.

Bien fait ? Le Mercenaire en doutait. La première fois qu'il avait accepté de travailler pour JJ, il s'était retrouvé au Yémen, dans un désert brûlé par le soleil (1), et les missions suivantes n'avaient guère été plus reposantes. Bess s'échappa de ses bras pour aller récupérer son peignoir et, aussitôt, il composa le numéro de la MPRA à Tampa.

Miss Jefferson était sur une enquête particulièrement délicate et, pour des raisons de discrétion qu'un professionnel comme monsieur Frost ne manquerait pas de comprendre, elle n'avait donné aucun moyen de la joindre au cours des prochaines quarante-huit heures. Si monsieur Frost voulait laisser un message... A moins qu'il ne préfère rappeler dans deux jours...

— Et merde..., grogna monsieur Frost avant de raccrocher au nez de la malheureuse secrétaire.

(1) Voir Le Mercenaire, n° 5, *L'Ultimatum.*

CHAPITRE II

Enfin, de l'air pur! Dorothy aspira une grande goulée dans ses poumons. Il faisait encore jour quand elle déboucha d'Engekerksteeg et découvrit l'abside ronde de l'Oude Kerk. Pas fâchée d'arriver à l'air libre. Elle avait retenu sa respiration pendant toute la traversée de ce boyau sordide, de moins de trois mètres de large et qui empestait l'urine.

A mesure qu'on approchait du quartier rouge et malgré les nombreux panneaux que la voirie s'obstinait en vain à planter un peu partout pour indiquer le plus court chemin des urinoirs publics, des effluves sauvages, d'une puanteur tenace, vous saisissaient à la gorge dans les petites rues. Car la clientèle nocturne du Walletjes, ignorant superbement et ces urinoirs et leurs panneaux indicateurs, pissait le long des murs. Le mal paraissait bien incurable. Et, dans ce joli quartier d'Amsterdam, tristement stigmatisé par une perpétuelle odeur de pisse, on marchait au milieu d'une faune incroyable, en butant sur des vieilles seringues abandonnées et en dérapant sur une tonne de papiers gras.

Gus était à son poste habituel, au bout d'Oudekennisteeg. Dorothy repéra, le long du canal, son scooter rouge métallisé orné de décalcos et d'autocollants déments. Il était en train de traiter avec un addict. Dorothy n'aimait pas. Elle attendit. Quelques sachets passèrent des mains de Gus à celles de son client. Des billets firent le voyage en sens inverse et les deux hommes se séparèrent.

Dorothy approcha du Noir. Elle ne s'étonna pas lorsque, la voyant venir, Gus observa avec un sourire :

— Toi, c'est Marcus qui t'envoie...

Elle hocha la tête.

Elle ne s'étonna pas, non plus, quand Gus enchaîna d'un air navré :

— Pas de bol, poupée. La poudre, j'en ai plus. Je viens de tout refourguer. Mais, si tu veux vraiment faire plaisir à ton homo planens, viens avec moi, je te drive où y en a.

Elle hésita. Puis elle craqua lorsque, enfourchant son scooter à paillettes, le Surinamien fit pétarader le moteur et, d'un mouvement de tête, l'invita à prendre place derrière lui. Elle s'accrocha à son Barbour avec un plaisir sensuel et se laissa griser par le vent.

Elle ne s'étonna toujours pas lorsque, cinq minutes plus tard, Gus arrêta son engin en bordure de l'Amstel, le long d'un quai où était amarrée une grande péniche d'habitation comme on en trouvait un peu partout sur les canaux d'Amsterdam.

Elle commença seulement à s'étonner lorsqu'il la conduisit à fond de cale, où se trouvaient Stonba, Klonezy et Jumbo. Et, en même temps que la surprise, la peur la saisit. Stonba se planta près de la sortie pour lui couper toute retraite, tandis que Jumbo et Klonezy l'encadraient en souriant.

— Joli colis que tu nous livres, Gus, observa Jumbo avec un rictus tordu.

Il approcha encore et Dorothy sentit son haleine qui puait la vodka.

— Qu'est-ce que vous..., commença-t-elle.

Puis elle se tut. Un Chinois venait d'entrer par la porte, près de Stonba. D'un signe de tête, il indiqua à Gus de s'en aller.

— T'as pigé, le keubla ? Casse-toi ! aboya Klonezy.

Gus ne se le fit pas dire deux fois. Il vida les lieux sans demander son reste. Lorsqu'il s'installa sur la selle de son scooter, son visage était gris.

Dans la cale, Dorothy s'était mise à trembler. Paradoxalement, malgré sa petite taille, le Chinois était imposant. Imposant et dangereux. Difficile de savoir d'où venait cette impression de puissance qui émanait de sa personne. Des grosses bagues qu'il portait ? De son costume beurre-frais qui avait dû coûter un beau paquet de florins ? De sa tête de batracien ? Non. Simplement de son assurance. Ce type avait le comportement d'un gangster. Ça ne s'expliquait pas, ça se voyait.

La jeune Anglaise trouva cependant la force de demander :

— Qu'est-ce que vous attendez de moi ?

— Simplement quelques renseignements, répondit Ko Tching Yuan. Des renseignements sur l'opération que vous préparez avec vos amis de la GRC.

Cette fois, Dorothy sentit ses jambes se dérober sous elle.

— La GRC ? Qu'est-ce que c'est que ça... ?

— OK..., lâcha Ko d'un ton traînant qui en disait long. J'ai l'impression qu'en démarrant comme ça, les débats ne sont pas près d'aboutir.

Il pivota prestement sur un talon, ouvrit la porte et lança :

— Je vous la laisse, les gars, elle est à vous.

Une larme roula sur la joue de Dorothy. Elle avait compris qu'elle était dans de sales pattes. Des pattes de brutes qui n'auraient aucune pitié. Elle fit une dernière tentative en s'adressant à celui qui était, de toute évidence, le chef :

— Mais je ne comprends pas ! Je vous jure ! Expliquez-moi ce que vous voulez !

En vain. La seule préoccupation de Ko était qu'on n'entende pas de cris depuis le quai, il sortit et ferma rapidement la porte. Affolée, Dorothy s'élança à sa suite.

Elle ne fit que deux foulées. L'atemi de Klonezy la cueillit derrière l'oreille et elle s'écroula, sans connaissance, près de la caisse de bois, ébranlant l'équilibre précaire des bouteilles de vodka à moitié vides.

***

La longue main de Michael O'Hara pianotait avec nervosité sur la table de PVC gris clair. Ses yeux verts et son visage en lame de couteau surmonté d'une abondante tignasse carotte reflétaient nombre de sentiments parmi lesquels ne figurait pas la satisfaction.

Michael O'Hara, chef du GAL, le Groupe d'Action spéciale pour la Lutte antiterroriste, était en train d'interroger le fichier de Langley sur les citoyens américains soupçonnés d'apporter une contribution financière à l'IRA. D'abord, l'ordinateur, respectant les règles élémentaires de la décence, lui avait fourni les noms de divers Callaghan, puis des Donnell et des Donovan. Après un étrange saut dans l'alphabet, l'appareil était ensuite passé aux O'Brien puis aux O'Connors, aux O'Flaherty, aux O'Flanaggan. Mais voilà que, maintenant, l'insolent lui sortait un Alfred O'Hara, puis un Aloysius O'Hara, puis un Arnold O'Hara. Des O'Hara, encore des O'Hara et toujours des O'Hara, à perte de vue, comme s'il en pleuvait, comme si on lui avait fait un discount sur les O'Hara !

Mike O'Hara était au bord de l'ulcère quand cette foutue machine se décida, enfin, à dénoncer un certain O'Ilhenny.

Quand même ! Il fallait avoir la vocation solidement accrochée pour supporter ces avanies...

Le National Security Council, dont le GAL dépendait directement depuis qu'il avait été restructuré comme organisation autonome, avait chargé O'Hara de faire examiner les comptes en banques et les biens de tous les Américains fichés comme sympathisants de l'IRA.

Depuis la prise de l'*Eksund* et de sa cargaison d'armes et, surtout, depuis les sanglantes bavures dont elle portait la responsabilité, l'IRA semblait bien avoir touché le fond de l'abîme. Une chose était certaine, en tout cas : elle avait perdu tout son crédit auprès d'une opinion populaire autrefois sensible à sa cause. En Europe, la stratégie de l'attentat aveugle n'avait jamais été payante. Pareillement, aux Etats-Unis, il semblait bien que les pourvoyeurs de fonds de l'IRA aient brusquement attrapé des oursins dans le portefeuille. A O'Hara de trouver les purs et durs qui continuaient à payer.

Dans les organisations terroristes, un schéma s'était si souvent reproduit historiquement qu'il en était presque devenu une règle : quand la barque prenait l'eau, c'étaient toujours les noyaux durs qui s'acharnaient, quitte à mener des actions suicidaires.

Depuis quelque temps, donc, les professionnels internationaux de la lutte contre le terrorisme s'attendaient à un coup spectaculaire, une sorte de vengeance de la fraction violente de l'IRA. Par l'intermédiaire d'Interpol, ils échangeaient leurs informations pour tenter de trouver la cible des terroristes et la protéger. Plusieurs de ces informations se recoupaient pour donner à penser que quelque chose se préparait en Hollande et, plus spécialement, à Amsterdam. Des communications radio avaient été décodées par le BVD, le service secret néerlandais, tendant à indiquer qu'un pays bienveillant pour les terroristes était dans le coup aux côtés de l'IRA, comme la Libye l'avait été dans l'affaire de l'*Eksund*.

Par ailleurs, la section antidrogue de la GRC avait éventé une collusion entre des terroristes et la triade 14 K qui était en train de développer son réseau de succursales aux Pays-Bas. Depuis quelques années, trafiquants et terroristes faisaient bon ménage. Les terroristes produisaient, passaient ou livraient la drogue. Les trafiquants les payaient et faisaient encore de somptueuses culbutes sur le commerce de détail. Avec l'argent de la drogue, les terroristes pouvaient acheter des armes et des munitions. Certains services secrets — comme le DS bulgare, par exemple —, cherchant tous les moyens de déstabiliser le bloc Ouest, œuvraient et dans le trafic de la drogue et dans celui des armes. Leurs objectifs étaient simples : renforcer l'action des terroristes qui défiaient les Etats démocratiques d'Europe Occidentale et, simultanément, inonder le Vieux Continent et l'Amérique de drogues détruisant leurs forces vives.

Donc, drogue-terrorisme, même combat. Les spécialistes les plus sérieux reconnaissaient aujourd'hui que cette affirmation n'était pas un fantasme. La drogue, c'était connu, transitait souvent par Chypre avant d'être acheminée vers les Pays-Bas, d'où elle était dispatchée sur l'Europe et l'Amérique. Mais les filières étaient extrêmement complexes, beaucoup plus en tout cas qu'à l'époque où il était encore facile de faire voyager les produits par voie terrestre. Trafiquants et terroristes s'adaptaient au jour le jour pour faire face aux moyens de plus en plus importants qui leur étaient opposés.

Le BVD se sentait un peu « petit » devant le foisonnement de menaces qui semblaient peser sur son pays. Par ailleurs, le libéralisme batave s'était toujours fait un devoir de jouer la carte de la collaboration, surtout en matière de services secrets, où la Hollande ne se jugeait pas comme le pays le mieux armé du monde. Quand on faisait partie d'un même bloc, on était mariés pour le meilleur et pour le pire.

La Haye, dépassée par les événements, avait demandé l'aide de la GRC. Mais la GRC avait d'autres chats à fouetter. Apparemment, l'un de ses principaux agents d'infiltration au sein de la 14 K s'était fait démasquer à la suite d'une fuite. On avait du linge sale à laver et on repassa le bébé au grand frère américain. Le BVD, bien sûr, restait entièrement disponible pour lutter aux côtés du GAL. D'ailleurs, il voulait comme par hasard une assistance la plus discrète possible.

O'Hara, qui n'avait aucunement l'intention de s'engluer dans un Viêt-nam de la lutte antiterroriste sur le territoire néerlandais, avait pris la décision qui s'imposait : envoyer un indépendant là-bas. Naturellement, cet indépendant était déjà désigné comme volontaire avant d'être averti. Pour accomplir cette mission délicate, O'Hara ne voyait pas plus qualifié que son vieux complice Hank Frost.

A lui, Mike O'Hara, de se colleter avec les quelques milliers de noms qu'était en train de lui vomir le computer de la Company. Pendant ce temps-là, ce coyote de Hank irait déguster l'anguille fumée dans le port d'Amsterdam ou le célèbre hareng de Scheveningen. Il n'y avait pas de morale dans ce boulot. Toujours les mêmes qui avaient le beau rôle...

***

En ouvrant les yeux, Dorothy sentit qu'on lui bougeait les jambes puis elle vit son jean et sa culotte de nylon tomber à quelques centimètres de son visage sur le plancher de bois grossier.

— Tiens, observa Stonba, la Belle au Bois Dormant se réveille.

La douleur cognait dans le crâne de Dorothy comme un marteau-pilon. Relevant la tête, elle découvrit le faciès hideux du skinhead penché au-dessus d'elle.

— Quand même, on est gâtés, reprit Stonba. C'est un joli petit cadeau que nous envoie la GRC. Je me demande si ceux du projet Soman ont eu autant de chance. Tu sais ce que c'est, le projet Soman, hein, poupée...

Voilà que ça recommençait ? La GRC, d'abord, et maintenant, cette histoire de projet Soman. Dorothy n'avait aucune idée de ce qu'il voulait dire. Sans doute un jeu sadique pour la torturer un peu plus. Ces trois salauds avaient profité de son évanouissement pour lui enlever son jean et sa culotte. Pour l'humilier. Et pour la violer, ça ne faisait aucun doute. Ces histoires de GRC, de Soman, d'aveux, et même la visite du Chinois, n'étaient probablement que des inventions de la part de ces maniaques pour pimenter leur jeu. Ce fumier de Gus devait se faire graisser la patte pour leur amener des minettes de temps en temps. Il le lui paierait cher quand elle sortirait de cette péniche ! Oui... un viol collectif... Voilà à quoi elle devait s'attendre. En évitant de penser, en serrant les dents, en fermant les yeux, Dorothy Skelding savait qu'elle arriverait à supporter.

— Alors ? insista Stonba. Tu racontes un peu ce que tu sais ?

— Arrêtez ce cirque ! coupa soudain Dorothy. Je sais très bien ce que vous voulez : me sauter. Alors, allez-y et qu'on n'en parle plus !

— Z'avez entendu ça, les gars ? ricana

Stonba. On lui plaît à la môme. Elle a envie qu'on lui fasse des douceurs...

Rires gras des deux autres tatoués.

— Et qui c'est que tu veux qui commence, poupée ? demande le mercenaire belge.

Dorothy ne répondit pas. Elle crispa les maxillaires.

Avec un sourire de hyène, Stonba ouvrit son Opinel et trancha le nœud du corsage puis, d'un geste sec, il arracha le vêtement qui craqua aux coutures, libérant les seins de la jeune Anglaise, superbes, très blancs. Dorothy se mit à trembler. Le Belge laissa échapper un sifflement admiratif puis, du plat de sa lame, caressa les deux globes épanouis. Dorothy sentit la chair de poule lui hérisser la peau : l'horreur que lui inspiraient ces trois déchets visiblement ivres. Le contact froid de la lame. La peur. Oui, surtout la peur. Son corsage était en lambeaux. Comptaient-ils lui prêter un tee-shirt pour la laisser repartir, ou bien... Elle ne pouvait pas formuler la suite de sa pensée. Elle ignorait qu'on pût éprouver une telle trouille. Une trouille qui vous mordait le ventre, vous empêchait de bouger.

Enfin, la lame de l'Opinel se décolla de ses seins. Stonba se releva, rangea le couteau dans sa poche puis, jetant la tête en arrière, avala une grande gorgée de vodka au goulot. Il passa ensuite la bouteille à Klonezy et alluma un cigare. Les deux Français burent puis, sur un signe de Stonba, saisirent Dorothy par les poignets et les chevilles pour l'immobiliser au sol, écartelée.

Le Belge s'agenouilla près d'elle et la fixa dans les yeux, son sourire sadique sur les lèvres. Elle ferma les paupières, essayant de s'arracher à cette réalité ignoble pour mieux endurer les saloperies qu'il allait lui faire.

Mais, contre toute attente, Stonba lui souffla au nez la fumée de son cigare et demanda une nouvelle fois :

— Maintenant, tu vas raconter gentiment tout ce que tu sais...

Encore plus tordus qu'ils n'en avaient l'air... Ils y tenaient vraiment à leur sale petit jeu !

— Merde ! lança Dorothy, à bout de nerfs.

Stonba tira sur son cigare pour bien le faire rougir puis, aussi inexpressif que s'il accomplissait une formalité, appliqua le bout incandescent sur la poitrine de Dorothy, juste sous le sein gauche. La douleur atroce la prit au dépourvu ; les yeux fermés, elle n'avait pas vu le skin approcher le cigare de sa peau. Son hurlement strident déchira les tympans de ses tortionnaires. Son corps s'arc-bouta avec une violence telle que Jumbo et Klonezy durent peser de tout leur poids sur ses chevilles et ses poignets pour l'empêcher de leur échapper.

Elle retomba, se meurtrissant le dos sur le plancher. Ses yeux, maintenant grands ouverts, étaient dilatés par la terreur. Elle regarda tour à tour les trois monstres qui l'examinaient comme un frottis sur une plaque de verre et se remit à trembler.

— Alors ? dit Stonba.

— Arrêtez ! cria Dorothy, hallucinée d'horreur.

— J'arrête si tu parles... Pas compliqué.

— Mais qu'est-ce que vous voulez que je vous raconte, à la fin ?

Stonba ne répondit pas. Cette fois, c'est sur le sein de Dorothy qu'il écrasa son cigare. Une grosse tache noire salit la belle chair blanche de la jeune Anglaise. Sa bouche s'ouvrit démesurément sur un rugissement inhumain.

— Gueule autant que tu veux, poupée, ricana Stonba. C'est insonorisé.

Pour bien montrer qu'il ne se laissait pas intimider par les cris, il appliqua à nouveau le bout de son cigarillo sur la peau de la fille. Sous une aisselle, cette fois. Un endroit particulièrement sensible. Alors, brusquement, Dorothy se mit à gesticuler et à se tordre avec une telle violence que Jumbo et Klonezy eurent du mal à la maintenir au sol. Ses cris n'étaient plus des cris de douleur mais de démence. Elle hoquetait, hurlait, pleurait sans transition. Puis elle se mit à injurier les skinheads, à leur cracher au visage. Une seconde plus tard, elle éclatait de rire.

— Merde, murmura Stonba, l'air sincèrement contrariée. Elle déjante.

A l'évidence, ce qui l'ennuyait le plus n'était pas le sort de la pauve fille qui déraillait sous la torture mais l'impossibilité maintenant de lui tirer quoi que ce soit comme renseignement.

⁂

Bess s'étira voluptueusement en poussant un ronronnement de tigresse amoureuse puis embrassa Frost sur le bout du nez et se leva en souriant.

— J'aurais bien prolongé la séance, dit-elle, c'était superbe. Seulement, il est temps que j'aille me préparer.

Frost consulta sa Rolex Seadweller. Déjà seize heures trente. En effet, le café du pauvre s'était sacrément prolongé. Mais c'était plus fort qu'eux. Le temps n'avait aucune prise sur le désir qu'ils éprouvaient l'un pour l'autre. A chaque fois qu'ils faisaient l'amour, c'était aussi électrique qu'au premier jour. Surtout quand ils s'apprêtaient à se séparer. Un jour, Bess lui avait avoué en riant qu'elle faisait tout pour le vider sexuellement quand ils se quittaient. Comme ça, disait-elle, elle était sûre qu'il lui serait fidèle pendant au moins quelques heures après son départ.

Le Mercenaire venait d'enfiler son jean et d'ajuster sur son œil gauche son bandeau de cuir, quand le carillon tinta à la porte du couloir. L'œilleton lui révéla que le visiteur était le gros Bradwell, le concierge, vigile et homme à tout faire de l'immeuble. Il ouvrit sans enfiler de chemise.

— Un express pour vous, m'sieur Frost, dit Bradwell en portant un doigt à la visière de sa casquette, sa façon de saluer.

L'homme au bandeau noir prit l'enveloppe de kraft que lui tendait Bradwell et la remplaça dans la grosse patte par un billet de dix dollars pêché au fond de sa poche.

— Merci, m'sieur Frost, dit Bradwell en faisant disparaître la coupure avec une aisance d'illusionniste. A vot' service hein... Et bien le bonjour à madame Stallmann...

Le regard incendiaire que lui décocha le Mercenaire aurait fait fondre un iceberg adulte. Bradwell fit demi-tour et déguerpit vers l'ascenseur en se jurant de ne plus jamais oublier que M. Frost détestait les allusions, même discrètes, à la présence de sa maîtresse chez lui. Il ignorait exactement quel métier exerçait ce grand borgne excentrique et moustachu, mais pas besoin d'être devin pour savoir que ça avait quelque chose à voir avec la police ou l'armée. Le genre de type à qui il valait mieux ne pas marcher sur les pieds. Le gros homme laissa échapper un soupir en entendant la porte de l'appartement claquer.

Frost ouvrit l'enveloppe. Comme il le craignait, c'étaient les instructions de Julie Jefferson pour la recherche de cette jeune Dorothy Skelding, avec une photo de la fille et une avance confortable sur ses honoraires. Il n'osait pas se demander combien les parents avaient payé à la MPRA pour faire rechercher une gamine en fugue qui allait certainement rentrer dans quelques jours au bercail.

Et puis après tout... Amsterdam ne manquait pas de charme, surtout en été. Il appela l'aéroport. Il restait des places dans le vol pour Londres. En raccrochant, Frost se tourna vers la salle de bains et cria :

— Fais-moi une place dans tes bagages, baby ! Je décolle pour Amsterdam via London. Tu vois que je suis prêt à tout pour te prouver ma fidélité.

Il entendit d'abord la porte de la salle de bains, puis le bruit de la douche, puis le rire de Bess.

— Ouais, tu es surtout prêt à tout pour changer de panorama. Frost, je te connais comme si je t'avais fait. Tu es comme moi, tu ne supportes pas de vivre plus d'un mois d'affilée dans le même fuseau horaire.

***

Dorothy avait mal. Elle avait l'impression que sa tête allait éclater, son ventre, ses seins, émaillés de cloques noirâtres, la brûlaient atrocement, de son sexe, déchiré par la cruauté lubrique des trois skins, irradiait une douleur insupportable. Elle était assommée par la souffrance.

Ils étaient retournés chercher à boire. De la bière et de la vodka. Ils avaient tout mélangé. Ils avaient bu. Ils l'avaient fait boire aussi, manquant de l'étouffer, puis ils l'avaient frappée avec des battes de base-ball. Elle ne sentait plus ses mains ni ses pieds, tellement ils l'avaient battue. Elle était sûre d'avoir les quatre membres brisés. Elle était incapable de bouger, incapable de parler. Ils l'avaient jetée à plat ventre sur la caisse de bois et l'avaient violée à tour de rôle en riant, en buvant, en l'aspergeant d'alcool, promenant sur son corps leurs mains brutales et leurs sexes infâmes.

Ça avait duré des heures. Elle n'en pouvait plus. Elle voulait mourir. Mourir vite. Elle savait qu'elle était devenue folle, qu'elle ne pourrait plus survivre. Etrange lucidité que sa démence lui apportait.

Adossé à la caisse, Jumbo somnolait, effondré, dans une flaque de vomissure.

— J'en ai marre, déclara Stonba en finissant la dernière bouteille de vodka. On la liquide.

La tête et les bras de Dorothy pendaient mollement d'un côté de la caisse ; ses jambes, couvertes de bleus et de sang, de l'autre côté. On aurait pu la croire morte. En entendant les paroles de Stonba, elle eut un sursaut.

— Oui..., supplia-t-elle, oui...

Qu'ils l'achèvent... Elle n'en pouvait plus...

— T'entends ça ? ricana Klonezy. Elle en veut encore.

Dorothy se raidit. Ça n'était pas possible. Après ce qu'il avait bu et ce qu'il lui avait fait subir, ce gorille tatoué devait être incapable de recommencer, ou bien ce n'était pas un homme, c'était un monstre.

Klonezy était un monstre. Il approcha, sexe dressé, empoigna la fille par les cheveux et lui releva brutalement la tête. Elle eut un mouvement de recul en voyant le membre masculin, énorme, rouge, tout contre son visage. Avec un ricanement salace, Klonezy poussa en avant avec son sexe pour la forcer à écarter les lèvres. Elle serra les mâchoires.

Toujours adossé à la caisse de bois, Jumbo ronflait bruyamment.

— On va voir si les putes de la GRC font des bonnes pipes, lança Klomezy, hilare.

— Grouille-toi, ordonna Stonba. On a assez rigolé. Il est tard, maintenant. Il faut faire vite.

Klonezy s'impatienta.

— Allez, ouvre ! T'entends ce que dit mon pote ?

Mais Dorothy résistait. Agacé, le skin attrapa un Opinel et lui appliqua la pointe sur le cou.

— Allez, salope, ouvre !

Dorothy serrait toujours les dents. Klonezy appuya sur le manche du petit couteau bien affûté. Le sang perla sur le cou de l'adolescente. Elle ouvrit la bouche. Un dernier réflexe sans doute. L'instinct de survie. L'énorme sexe gorgé de sang s'engouffra dans sa bouche, s'enfonça jusqu'à sa gorge, l'empêchant de respirer. Klonezy laissa échapper un grognement de satisfaction. De sa main gauche, il imprima à la tête de Dorothy un mouvement de va-et-vient, donnant à la fellation la cadence qu'il désirait. Dans sa main droite, il avait toujours l'Opinel dont il gardait la lame collée sur le cou de la fille.

Et brusquement, Dorothy serra les dents.

Klonezy ne comprit pas tout de suite ce qui

lui arrivait. Tout à son plaisir bestial, il mit une fraction de seconde à réagir. Puis il eut un réflexe digne de lui : celui d'un tueur. Il poussa la lame de son couteau dans le cou de la fille. Trop tard, les dents de Dorothy avaient tranché la chair. Elle ne sentit même pas la douleur. Elle ne sentit que le goût du sang dans sa bouche. Le sang de Klonezy. Elle ne hurla pas, ne desserra pas les dents malgré les coups de couteau du skin, effaré, qui la lardait sauvagement. Toute sa hargne, toutes les forces qui lui restaient étaient concentrées sur cette unique action : serrer les dents. Le plus fort possible. Le plus longtemps possible. Et elle les garda serrées, comme tétanisée, jusqu'à la mort.

Puis sa tête retomba le long de la caisse et sa bouche s'ouvrit enfin, lâchant quelques centimètres de viande flasque qui s'aplatirent sur le plancher rugueux.

Cela n'avait duré que quelques secondes. Stonba n'avait pas eu le temps d'intervenir.

Maintenant, Klonezy hurlait, aspergeant tout de son sang comme un porc égorgé. Il en giclait partout, sur la caisse, sur le sol, sur les armes, sur le cadavre de Dorothy, sur Jumbo, qui s'éveilla en sursaut pour découvrir le spectacle affreux. Puis Klonezy cessa de hurler. Il tomba à genoux. Les saccades vermillon qui jaillissaient de son bas-ventre mutilé étaient déjà moins violentes, indiquant que le cœur faiblissait.

— Nom de Dieu..., murmura Stonba.

Jumbo était pétrifié.

Klonezy leur lança un regard désespéré, suppliant. Mais les deux autres skins avaient compris qu'il était trop tard. Il n'y avait plus rien à faire. Klonezy porta les mains à sa plaie sanglante et, lentement, se recroquevilla. Puis il cessa de saigner et de vivre, presque en même temps.

Stonba fut le premier à réagir.

— Nom de Dieu, murmura-t-il. Si le niacoué voit ça, il va nous balancer ses Bruce Lee aux fesses et on fera pas un pli.

— Tu l'as dit, bouffi, approuva Jumbo. Se faire avoir comme ça par une gonzesse, même de la GRC, c'est un truc qui pardonne pas.

Les Bruce Lee dont parlait Stonba étaient les Chinois de Hong-Kong que Ko Tching Yuan avait provisoirement mis au rancart parce qu'ils étaient trop repérables dans une ville comme Amsterdam. Vêtus de pantalons de toile et de tricots de corps, ces hommes de main de la 14 K étaient rompus aux techniques de tous les arts martiaux, d'où le surnom dont les avait affublés le skin.

— Qu'est-ce qu'on fait ? demanda Jumbo, désemparé.

— On balance les macchabs à la flotte et on nettoie la péniche, répondit le mercenaire belge. On racontera au niacoué que Klonezy est parti faire un tour. Après tout, c'est pas notre faute, s'il est pas revenu...

— On nettoie ? répéta le Français, effaré par

l'ampleur de la tâche. Mais il va forcément rester des traces. T'as vu le chantier !

Stonba hocha la tête.

— T'excite pas. On dira que c'est le sang de la gonzesse. Va vite là-haut voir si le terrain est libre.

En principe, il devait l'être. Ko Tching Yuan, officiellement patron d'un hammam avec salon de massage oriental, habitait une luxueuse maison dans Apollolaan. La péniche sur l'Amstel lui servait pour ses rendez-vous et pour l'hébergement de ses mercenaires déguisés en skins. Les Blancs, plus couleur locale que les Jaunes, étaient employés pour les opérations en ville et les Bruce Lee jouaient les sbires dans la villa d'Apollolaan.

Jumbo revint rapidement après avoir inspecté la péniche.

— Pas un chat. On peut y aller.

Stonba n'avait pas chômé. Il avait nettoyé le plus gros du sang avec les vêtements souillés et commençait à lester le corps de Dorothy à l'aide de chaînes trouvées dans un caisson de la cale.

— Aide-moi, dit-il.

— Mais, protesta Jumbo, on avait dit qu'on balancerait la souris dans le Noordzeekanaal.

— Pas le temps, répliqua l'autre tatoué. On va les jeter ici, dans l'Amstel. Ça nous économisera le voyage. Avec toutes les péniches amarrées dans le coin et les saloperies qu'ils balancent de jour et de nuit, personne ne fera attention aux plouf.

— C'est vrai, admit Jumbo.

— L'important, ajouta son compagnon, c'est qu'ils ne remontent pas à la surface.

Pour faire disparaître les vêtements sanglants, ils décidèrent de les enrouler avec des chaînes et de les jeter à l'eau en même temps que les corps. En ramassant le jean de Dorothy, Jumbo sentit quelque chose dans une poche, il fouilla, trouva la clef avec un billet de cent florins et quelques pièces de monnaie.

— T'as vu ?

— Une clef de consigne, constata le Belge. On ira regarder ça demain matin. On va peut-être trouver là-dedans de quoi faire oublier Klonezy au niacoué.

Jumbo opina du bonnet et ils se remirent au travail. En deux temps et trois mouvements, le corps de Dorothy Skelding, torturée et violée parce qu'elle ressemblait à une autre, fit un plongeon dans l'Amstel par le hublot de la grande péniche. Elle fut rapidement rejointe par André Levert, alias Klonezy, qu'elle avait tué en lui sectionnant le sexe à coups de dents.

Effectivement, personne à bord des péniches voisines ne se préoccupa des plouf.

En revanche, un homme, planqué derrière une baraque du marché aux puces de Waterlooplein ne quittait pas la péniche des yeux. C'était Gus, qui était revenu, après sa nuit de deal dans le Walletjes. Il vit parfaitement les deux gros colis passer par le hublot et plonger dans l'Amstel en soulevant une grande gerbe d'écume aux reflets bleutés sous la pâle lumière de la lune. Il tressaillit malgré lui. Gus n'avait pas besoin d'un dessin. Il savait que l'un des corps était celui de Dorothy. Qui était l'autre cadavre ? Qui serait le prochain ?

Il avait l'impression qu'une pince géante lui écrasait le ventre. Cette Dorothy qu'il ne connaissait que de vue jusqu'à hier soir lui avait semblé être une brave gosse. Elle ne collait pas à l'image de taupe qu'on avait voulu lui faire porter. Et puis, le Noir n'avait pas oublié le trajet en scooter entre Oudekennisteeg et le pont de l'Amstel. Il avait bien senti que la petite Anglaise en pinçait pour son Barbour, son scooter rutilant et certainement un peu pour lui aussi. S'il avait su, il aurait fait demi-tour en arrivant devant la péniche. Mais il était un peu tard pour avoir des regrets.

Soudain, il vit la silhouette de Stomba apparaître sur le pont. Il le reconnut parfaitement à ses oreilles décollées et à son mufle aplati. Le skin mit pied à terre et longea l'Amstel en direction de la Munttoren, une tour superbe, vestige des anciens remparts d'Amsterdam. Gus hésita un instant. Le suivre ? Non, s'ils le repéraient, les skinheads seraient trop heureux de l'envoyer rejoindre Dorothy. Et là où elle était maintenant, Gus n'avait aucune envie d'aller la voir.

Pourvu que ces fumiers aient bien lesté le corps parce que si un jour Dorothy Skelding remontait à la surface et pouvait être identifiée, Gustav Hendrijk Botha aurait du mouron à se faire. Il savait parfaitement que les trois skins aussi bien que Ko Tching Yuan n'auraient de cesse qu'ils n'aient fait disparaître tout témoin susceptible de les trahir.

Se coulant dans l'ombre d'un vieux wagon qui servait de stand à un brocanteur, Gus alla récupérer son scooter de l'autre côté de Waterlooplein et le poussa silencieusement dans Jodenbreestraat. Il ne fit partir le moteur qu'à belle distance de l'Amstel et de la péniche, lorsqu'il fut arrivé devant le café *Rembrandt Corner*, juste à côté de la maison de Rembrandt, à l'angle de Jodenbreestraat et du Zwanenburgwal. Alors seulement, il sauta en selle et fila vers la petite maison qu'il habitait dans Haarlemmerstraat.

CHAPITRE III

— *Schip,* c'est le navire et *hol,* c'est l'enfer, expliquait le chauffeur. Et Schiphol, ça veut dire, l'enfer des navires. Vous me suivez ?

Il prononçait le « ch » comme un « r » guttural, ce qui donnait Srrriphol.

— Tout à fait, assura l'homme au bandeau noir avec une conviction digne d'éloges.

— Drôle de nom pour un aéroport, pas ?

— Tout à fait, répéta Frost, sachant que le bonhomme n'attendait que ça pour éclaircir le mystère devant son œil ébahi.

Il devait faire le coup à tous ses clients étrangers et y prendre un grand plaisir. Après tout, ça faisait un sujet de discussion sur l'autoroute A4 entre l'aéroport international et cette bonne vieille ville d'Amsterdam.

— C'est qu'autrefois il y avait ici un lac gigantesque et très dangereux pour la navigation, appelé l'enfer des navires. Il a été asséché et c'est dans son lit que l'aéroport a été construit. Mais l'endroit a gardé son nom de Schiphol.

Ah, ces Hollandais assécheurs de mer ! Il n'y avait qu'eux pour avoir l'idée de construire un aéroport au fond d'un lac. Frost se prit soudain à écouter avec intérêt bavarder le brave Batave. Mais son attention commença à se diluer quand le natif de l'autre pays du fromage se mit à entrer dans des considérations de mètres cubes, de systèmes de pompage, d'évacuation, etc. Impressionnant mais fatigant pour l'intellect quand on avait franchi l'Atlantique en avion avec une escale, courte mais très mouvementée, dans le dodo londonien de Bess avant de reprendre l'air pour les Pays-Bas.

— Nous autres, les Hollandais, disait le natif, nous ne cessons de nous battre avec l'eau. Songez que nous avons gagné sur la mer plus de vingt pour cent de notre territoire...

Frost se promit d'y songer et se laissa bercer par le ronron du discours et celui de la R 25 qui filait allégrement sur la chaussée rectiligne et plate. Ils dépassèrent bientôt un grand complexe sportif comme il en existait beaucoup en Hollande puis l'autoroute longea un canal. Au-delà, beaucoup plus bas que le cours d'eau artificiel, le Mercenaire voyait un bout de polder puis, un peu plus loin, un immense lac, peut-être ce qu'il restait du vieux Schiphol. De leur curieuse démarche dandinante, des bandes de hérons cendrés venaient pêcher leur nourriture au bord du canal, tout près de la route, nullement intimidés par le passage des véhicules.

Le taxi tourna et virevolta dans un grand échangeur où une vache, même du pays, aurait du mal à retrouver son veau puis s'engagea sur l'A 10 en direction du centre.

Ils traversèrent la banlieue, remontèrent vers le nord par Europaboulevard et Ferdinand Bolstraat puis, soudain, apparut le vieil Amsterdam tel que l'aimait le Mercenaire. Un foisonnement de ponts et de maisons de guingois serrées les unes contres les autres le long des canaux. Ici, chaque pierre méritait d'être classée monument historique.

Amsterdam c'était le ciel grillagé par les câbles des tramways, les superbes pignons ouvragés en façade des maisons, la brique, l'eau, la foule grouillante, cosmopolite. La vie. Pas étonnant que ses habitants aient été les fondateurs de New York. Amsterdam, c'était Manhattan en miniature avec sept siècles d'histoire en plus.

Frost qui adorait cette ville descendait toujours au *Rembrandt*, un petit quatre étoiles très agréable et très discret en bordure du Herengracht. Il le préférait au faste du *Krasnapolsky*, situé en pleine place du Dam face au Monument National et au Palais Royal.

A Amsterdam, il fallait habiter au bord d'un canal. Pour Frost, c'était la moindre des choses. En outre, il faisait partie de ces gens qui aimaient monter leurs valises eux-mêmes dans leur chambre. Et il détestait avoir perpétuellement une armée de grooms sur ses basques, surtout quand il était en mission.

Une Indonésienne belle comme une fleur sauvage était en train de feuilleter *De Telegraaf* à la réception lorsque l'ombre du Mercenaire, s'interposant entre le lustre et le comptoir, s'étala sur son journal. Elle leva les yeux, sourit.

— Bonjour, monsieur Frost. Vous avez fait bon voyage ?

— Bonjour, Olivia. Toujours aussi rayonnante. Vous embellissez d'une année sur l'autre.

La jeune femme se leva vivement et se retourna pour attraper la clef du Mercenaire et masquer son trouble en même temps. Elle avait toujours eu un petit faible pour ce grand Américain moustachu avec ce bandeau de cuir noir qui lui donnait l'air d'un flibustier.

— Oh, monsieur Frost, murmura-t-elle d'un air chatouillé.

Elle lui tendit sa clef puis, par habitude, regarda dans son casier. On finissait par connaître ses clients. Il y avait déjà un message, chose courante avec le Mercenaire. Olivia le lut.

— Miss Julie Jefferson demande que vous l'appeliez d'urgence, annonce-t-elle.

Le Mercenaire hocha la tête, puis s'éloigna dans le hall après avoir remercié Olivia comme il se devait. Il gagna sa chambre par l'escalier. On l'avait mis au deuxième, comme toujours.

Avant même de défaire ses bagages ou de prendre sa douche, il envoya ses souliers valser dans la pièce, se laissa tomber sur le grand lit et décrocha le téléphone pour appeler le siège de la MPRA à Tampa.

Pour changer, J.J. était absente mais elle avait laissé un message à Norma Eavesdrop, sa secrétaire :

— Rendez-vous avec M. O'Hara, midi et demi au Petit Restaurant *De Zon* dans Raadhuisstraat.

A Amsterdam, ce qu'on appelait les petits restaurants étaient des genres de snacks-bars. C'était Mike tout craché, ça, de vous donner rendez-vous dans des endroits pareils ! Mais que lui voulait-il pour venir le harceler ici ? Et surtout, pour le joindre par l'intermédiaire de Julie Jefferson alors que justement il commençait une mission pour le compte du MPRA ?

— Savez-vous ce qu'il me veut ? demanda l'homme au bandeau, flairant le pire.

Avec un lascar comme Mike O'Hara, il fallait toujours s'attendre à tout, notamment à un coup fourré.

Norma ignorait ce que M. O'Hara voulait à M. Frost et le regrettait infiniment.

— Pas tant que moi, grommela le Mercenaire. Et comment Julie a-t-elle su que j'étais descendu ici ?

— Elle a appelé Miss Stallmann à Londres, répondit la secrétaire.

Aussi simple que ça. Même à l'autre bout du monde, impossible de garder l'incognito. Si ça continuait, il irait planter ses choux sur les pentes du Kilimandjaro. Peut-être que là, on finirait par lui foutre la paix. Grinçant des dents, il tira de sa poche un paquet de Camel bien froissé et appela les Etats-unis.

— Et pour quelle raison M. O'Hara fait-il passer ses messages par la MPRA ? demanda-t-il, presque agressif, en se vissant une cousue zigzaguante au coin de la bouche qu'il alluma à la flamme tremblante de son vieux Zippo.

— Oh, pour une raison très simple, répondit Norma Eavesdrop avec une logique confondante. A l'heure qu'il est, M. O'Hara doit encore être dans l'avion entre Cantico et la Hollande.

C'était tellement évident...

— Et merde..., grogna Frost avec la distinction qui le caractérisait.

Puis, pour la deuxième fois de la semaine, il raccrocha au nez de Norma sur ce superbe mot de la fin.

*
**

Comme son nom l'indiquait, le Petit Restaurant *De Zon* était vraiment petit, ce qui n'était pas toujours le cas des snacks-bars d'Amsterdam. En entrant, le Mercenaire repéra immédiatement O'Hara dans la salle. Même assis, le rouquin dépassait d'une bonne tête tous les Hollandais qui, pourtant, n'étaient généralement pas des Lilliputiens. Près de Mike, il y avait un homme d'une cinquantaine d'années aux sourcils blancs broussailleux et au front soucieux. Un flic. Frost les sentait. Autrefois, au moment de la livraison, sa chevelure devait avoir à peu près la même teinte que le scalp roux de Mike. Mais, avec le temps, elle était devenue poivre et sel ou, pour être exact, potiron et sel.

Face aux deux hommes, était assise une femme, dont le Mercenaire ne voyait que les cheveux blonds et les épaules, enveloppées dans un tee-shirt blanc. Des épaules solides mais en même temps gracieuses. Visiblement, leur propriétaire était sportive sans avoir pour autant une carrure d'haltérophile.

Pour que Mike se soit, primo, déplacé personnellement et, secundo, entouré d'un pareil comité d'accueil, il devait y avoir anguille sous roche. Une grosse anguille.

En plus, Mike avait sa tête des mauvais jours. Frost le connaissait assez bien pour savoir que le jet-lag et la fatigue du voyage n'avaient rien à voir dans son expression. Mike lui fit un signe. Il avança jusqu'à la table.

La fille se retourna alors et Frost la reconnut immédiatement. Il prit la chaise libre, près d'elle, salua et observa aussitôt :

— Je comprends mieux le pourquoi du rendez-vous, Mike. Par contre le comment...

— Oh non, dit le rouquin. Tu ne piges rien au pourquoi, Hank. Mais alors là, rien du tout.

Des rides pensives plissèrent le visage buriné de l'homme au bandeau noir. Il interrogea O'Hara du regard ce qui, étant donné son handicap visuel, était un véritable exploit, d'autant plus qu'il essayait de vérifier en même temps et sans en avoir l'air si le dessous-de-table de sa voisine était aussi appétissant que la partie supérieure. Il l'était.

— Je te présente Saskia van Izendorn, de la section antidrogue de la GRC, poursuivit Mike O'Hara. Et non Dorothy Skelding, comme tu le croyais.

Frost ne put dissimuler un mouvement de stupeur. Puis Mike présenta l'homme d'âge mûr qui était un certain Joop Bordewijk, capitaine au BVD. Le Mercenaire serra les mains qu'on lui tendait puis se tourna vers sa voisine. Elle sourit, l'air un peu intimidée par le bandeau qui couvrait l'œil gauche du nouveau venu. Histoire de nouer le contact, Frost fit circuler son paquet de Camel. Mais tout le monde refusa. Sauf lui. Il se cala un zigzag au coin de la lippe et fit tourner sous son pouce la molette de son Zippo bosselé.

— Alors, Mike ? demanda-t-il en soufflant la première bouffée par les narines.

O'Hara se gratta la gorge.

— Pour le comment, ce n'est pas compliqué. Je cherchais à te joindre et j'ai tenté ma chance un peu partout. J'ai fini par tomber sur Julie. Tu la connais...

— Ouais, grogna Frost. Bavarde comme une pie. Elle t'a tout raconté et elle a eu l'idée de me joindre par l'intermédiaire de Bess.

L'agent spécial hocha sa tête longue comme un jour sans pain.

— Et même plus, ajouta-t-il. Elle m'a montré la photo de la fille que tu recherchais pour la MPRA. Tu connais Julie... Toujours à rigoler... Elle me l'a juste fait voir comme ça en disant que si tu mettais la patte sur une belle plante comme cette Dorothy Skelding, la fille avait de grandes chances de perdre son petit trésor avant d'aller sagement retrouver papa et maman.

— Très drôle, grogna le Mercenaire en décochant un coup d'œil discret à sa voisine.

Mike leva les mains comme un curé prononçant une oraison pour bien montrer à quel point il n'y était pour rien.

— C'est les paroles de JJ, l'artiste. Ça, c'était la réponse au « comment ». Et maintenant, voilà le « pourquoi ».

Il sortit deux photos de sa poche et les posa sur la table.

— Qui est qui, là-dedans ?

Frost tira une longue bouffée sur sa Camel et profita de la question pour détailler longuement l'anatomie de Saskia van Izendorn.

— C'est important, demande-t-il, ou c'est juste pour faire avancer le schmilblick ?

Saskia laissa échapper un léger gloussement. O'Hara fusilla son ami du regard. Bordewijk resta aussi raide et muet que le Monument National, grand phallus de pierre blanche érigé sur le Dam et dans lequel se trouvaient douze urnes renfermant des échantillons de terre en provenance des onze provinces néerlandaises ainsi que de l'ancienne colonie indienne.

Frost contempla les clichés en fredonnant insidieusement :

— *Wilhelmus van Nassouwe ben ik, van Duitsen bloet* (1)...

Un hippie se retourna à une table voisine mais Bordewijk resta de glace. En fait, montrées côte à côte, les deux photos faisaient ressortir des différences évidentes entre Saskia van Izendorn et Dorothy Skelding. Le front, les pommettes, le menton. Mais, quand on les regardait séparément, on avait l'impression de voir deux sœurs. Mêmes cheveux dorés, mêmes yeux noisette, même silhouette épanouie, même peau onctueuse, très blanche, qui donnait envie de toucher.

Une autre différence pourtant sautait aux yeux : Dorothy était à peine sortie de l'adolescence alors que Saskia avait déjà des allures de femme mûre, ce qui ne l'empêchait pas de posséder un charme tout à fait pétillant.

Mais Frost continuait à ne pas comprendre le problème que posaient ces photos de deux femmes étrangères qui se ressemblaient comme des jumelles. Lui, qui n'avait jamais tellement cru aux saints, ne savait plus à quel totem se vouer.

— Voilà Saskia et voilà Dorothy, dit-il en désignant à tour de rôle les deux photos.

(1) *Je suis Guillaume de Nassau, de sang germanique :* revendication de l'hymne national néerlandais, particulièrement contestée lors de l'occupation allemande pendant la dernière guerre.

— Et voilà la source de la confusion, dit l'homme du GAL en posant une troisième photo sur la table.

Celle-ci était prise de loin et très floue. En comparant tranche par tranche, on pouvait se rendre compte qu'il s'agissait probablement de Saskia van Izendorn mais, honnêtement, il était difficile d'en jurer, même avec le modèle sous les yeux.

— On peut savoir où tu veux en venir, Mike ?

— Dorothy Skelding a été repêchée hier soir dans le Singel, juste derrière le marché aux fleurs flottant. D'après les courants et l'heure probable du décès, on peut penser qu'elle a été assassinée avant-hier vers quatre heures et demie du matin et jetée dans l'Amstel une demi-heure plus tard.

Mike fit ensuite le récit des circonstances présumées de la mort de Dorothy Skelding :

— Tortures, sévices sexuels, coup de grâce à l'arme blanche. Une boucherie.

L'hypothèse d'une noyade accidentelle était bel et bien exclue.

L'homme au bandeau noir accusa le coup malgré lui. O'Hara enfonça le clou en ajoutant :

— Les salauds qui ont fait ça avaient pris cette pauvre fille pour Saskia.

— Mais qui ? demanda Frost, fortement ébranlé.

— Les hommes de Ko Tching Yuan, assena

Mike O'Hara. Le gros bonnet de la 14 K à Amsterdam.

A cette seconde, une serveuse tout à fait charmante vint prendre la commande. Joop Bordewijk en profita pour prendre la parole pour la première fois :

— Si je peux me permettre, il vaut mieux éviter les spécialités maison en cette saison et s'en tenir aux choses simples.

Il commanda un hamburger, imité par O'Hara. Frost et Saskia jetèrent leur dévolu sur un *Uitsmeiters*. O'Hara, qui invitait aux frais du gouvernement américain, insista pour offrir une bouteille de vin français et choisit ce qu'il y avait de plus cher sur la carte : un Côtes-du-Rhône appellation contrôlée. Dès que la serveuse fut partie, Frost tira une longue bouffée sur sa Camel puis demanda :

— Tu m'as bien dit qu'il y avait eu torture, Mike ? Mais pourquoi ?

Saskia van Izendorn expliqua alors qu'elle avait été, en accord avec le BVD, embauchée par la GRC pour tenter d'infiltrer le réseau de livraison de drogues entre Amsterdam et Toronto, un système vieux comme le monde pour démasquer les trafiquants.

— Grâce au BVD, poursuivit-elle, nous avons appris que la manœuvre avait été éventée et qu'une photo de moi circulait à Amsterdam dans les milieux de la drogue. J'étais grillée. Tout tombait à l'eau après plusieurs mois de préparation minutieuse. A cause d'un informateur. Nous l'avons trouvé et neutralisé.

Bien sûr, l'opération a été annulée. Mais ici, ils n'en savaient rien. Ils ont pris cette gamine pour moi à cause de certaines ressemblances et de la mauvaise qualité de la photo.

Elle en avait gros sur la patate et ça se voyait. Frost comprenait. Préparer cette opération délicate et se faire doubler sur la fin à cause d'un informateur, il y avait de quoi. Et puis, cette jeune Anglaise, sauvagement suppliciée simplement parce qu'elle lui ressemblait...

— Pourquoi êtes-vous venue ? demanda-t-il à la jeune femme. Vous êtes en danger !

Elle eut un petit rire désabusé. O'Hara jugea bon d'intervenir :

— C'est là que tu entres en jeu, Hank.

Les yeux verts de l'agent spécial se concentrèrent avec une intensité particulière sur la prunelle unique de l'homme au bandeau noir. Les deux amis se fixèrent longuement. Lorsque Frost tira à nouveau sur sa Camel, O'Hara savait, sans qu'ils se soient rien dit, qu'il acceptait la mission.

La jeune serveuse apporta les plats. Frost écrasa sa Camel et, tout en attaquant son *Uitsmeiters*, s'informa :

— Qu'est-ce qu'on cherche, au juste ? Les assassins de cette fille sont connus et, d'ailleurs, c'est une chose qui regarde la police d'Amsterdam, pas nous.

Bordewijk parla à nouveau, très posé, très technique :

— D'abord, nous ne connaissons pas les

tueurs. Nous n'avons que des présomptions, mais il est possible que d'ici quelque temps, nous soyons en mesure d'identifier un ou plusieurs des individus qui ont participé à ce crime odieux.

— Comment ?

— Le cadavre était... ahem... hemm... Enfin, on a trouvé du sperme et du sang...

Le Mercenaire s'impatienta.

— Et alors ? Ça prouve simplement qu'elle a été torturée et violée ! Mike vient de me le dire.

Joop Bordewijk s'empourpra légèrement et se donna une contenance en versant du vin dans tous les verres.

— Du sang qui n'était pas celui de la victime, précisa-t-il. Nous avons une police scientifique, très au fait des derniers progrès de la science, capitaine Frost. Et vous n'ignorez pas que chaque individu possède environ cinq cent millions de marqueurs génétiques. En travaillant sur ordinateurs, on peut identifier, par recoupements, un certain nombre de marqueurs correspondant à une personne spécifique. Tout dépend alors des fichiers et des renseignements qu'on peut avoir. Si le tueur en était à son premier meurtre, c'est fichu.

Frost hocha la tête. On n'arrêtait pas le progrès.

— Je vois, commenta-t-il. S'il ne s'est jamais fait prendre, il n'est pas fiché.

— Exactement, confirma Joop Bordewijk.

— Et si c'est un étranger ? demanda le Mercenaire.

— Interpol accroît singulièrement nos chances, dit le Hollandais en prenant son verre.

Il but un peu de vin, imité par Saskia. Et soudain, Frost les vit échanger un regard effaré et devenir pâles comme des morts. Ils reposèrent leurs verres sur la table et se turent. L'homme au bandeau noir se tourna vers O'Hara.

— Alors ? Suite du programme ?

— En fait, répondit l'homme du GAL, ce n'est pas réellement le meurtre de cette Dorothy Skelding qui nous intéresse au premier chef mais ceux qui l'ont commis.

Il exposa rapidement ce que le BVD avait appris au sujet d'un projet de dissidents de l'IRA aux Pays-Bas et des soupçons de liaison entre les terroristes et la 14 K de Ko Tching Yuan.

— Le schéma classique depuis quelques années, commenta Frost. Les terroristes aident les trafiquants et vice versa. Si je comprends bien, on s'attaque à un gros morceau.

Mike O'Hara hocha la tête.

— Vous avez une idée de leur cible et du moment où ils sont susceptibles de frapper ? demanda Frost.

— Pas la moindre, répondit le capitaine Bordewijk. Tout ce que nous savons c'est que deux terroristes se trouvent actuellement en Hollande et qu'un troisième larron doit venir les rejoindre avec de la drogue et probablement des armes en provenance d'un pays étranger. Il y a donc de fortes chances pour que l'action soit imminente. Le seul axe de recherche que nous ayons, c'est la 14 K car nous savons que les terroristes prendront contact avec les Chinois pour l'échange de la drogue contre l'argent.

En un mot comme en cent, c'était le brouillard. Une seule chose s'éclaircissait : le rôle de Saskia van Izendorn. Elle était revenue à Amsterdam pour servir de chèvre et attirer le fauve. Un fauve bicéphale et très dangereux. D'un côté, des trafiquants de la 14 K dont la réputation de cruauté n'était plus à faire. De l'autre côté, des terroristes prêts à tout pour faire parler d'eux. D'un côté comme de l'autre, des tueurs.

Frost prit son verre et avala une petite gorgée de vin. Brusquement, il eut l'impression que sa bouche, son œsophage puis son estomac prenaient feu. Ou, plus exactement qu'on y déversait des litres de vitriol. Ahuri, il saisit la bouteille et en examina l'étiquette pour s'assurer que c'était bien du vin qu'on leur avait servi. Il comprenait maintenant pourquoi les Hollandais avaient pâli tout à l'heure à la première gorgée. Pourtant l'étiquette était formelle ; il s'agissait bien d'un Côtes-du-Rhône.

En reposant la bouteille, Frost vit que Mike O'Hara portait son verre à ses lèvres. Il voulut l'avertir mais, trop tard, l'Américain s'était déjà enfilé une bonne goulée de liquide rouge derrière la cravate.

Saskia, Frost et Bordewijk épiaient sa réaction. O'Hara les regarda, l'air étonné, puis vida sereinement le reste de son verre.

— Pas mal, ce petit Côtes-du-Rhône, hein ? dit-il, visiblement satisfait de son choix. Peut-être un peu vert... Il faudrait lui laisser le temps de vieillir un brin, pour qu'il puisse développer tout son bouquet.

Les trois autres restèrent sans voix. C'était Mike qui invitait et personne n'osa faire de commentaire sur le vin.

— Je n'ai jamais vu pareille coïncidence, dit le Mercenaire, rompant le silence gêné. D'abord cette incroyable ressemblance entre Saskia et cette Dorothy Skelding et, ensuite, le fait que Mike et moi nous nous retrouvions tous les deux dans la même galère mais en y pénétrant par des portes d'entrées différentes.

— Pour la ressemblance, OK, dit le rouquin. Pour le reste, ça ne m'étonne pas plus qu'un poil de moustache sur le nez d'un chat. A chaque fois qu'il y a un coup foireux quelque part dans le monde, il faut qu'on se débrouille pour être dedans.

Curieuse façon d'exprimer les choses mais il y avait une part de vérité dans les paroles de Mike. L'homme du GAL semblait se détendre progressivement à mesure qu'on approchait du café. Il faut dire que, comme ses compagnons de table avaient renoncé à cet étrange nectar, il avait fini la bouteille à lui tout seul.

— Et les cousins (1) ? demanda le Mercenaire. Qu'est-ce qu'ils disent de cette histoire ?

Un petit muscle se gonfla aux maxillaires de O'Hara.

— Les cousins, ils s'en lavent les mains, l'artiste. Il paraît qu'ils ont assez de problèmes chez eux avec l'IRA et que Maggie n'a pas un sou à dépenser pour aller faire la guerre aux terroristes ailleurs que sur son territoire.

— Mme Thatcher n'a jamais un sou pour rien, grommela Bordewijk, exprimant pour la première fois une opinion personnelle.

Il avait une curieuse façon de prononcer le nom du Premier ministre britannique. On aurait dit qu'il disait « tas de chair ».

Les Américains n'ayant pas l'air de comprendre sa remarque, Saskia van Izendorn expliqua :

— Le marché commun... L'Europe... Elle trouve que tout lui coûte trop cher.

En touillant son café, Michael O'Hara exposa à Frost ce qu'il attendait de lui. Les grands axes de la mission n'étaient pas pour déplaire au Mercenaire. D'autant que, dans un premier temps, son rôle consisterait essentiellement à escorter Saskia van Izendorn. La belle Hollandaise, comme Frost l'avait déjà compris, devrait jouer les chèvres. A elle de se montrer pour faire comprendre à la 14 K qu'ils s'étaient trompés de victime en assassinant Dorothy et pour attirer sur elle les tueurs de

(1) Les services spéciaux britanniques.

Ko Tching Yuan. A Frost de les empêcher d'agir et de les pister pour se faire conduire aux terroristes. O'Hara avait, par ailleurs, décidé de déléguer à un autre le travail de fourmi commencé à Langley. Mais il devait rester dans l'ombre et il passerait le plus clair de son temps à La Haye à se partager avec Bordewijk entre le BVD et la Rijksrecherche pour assurer l'assistance logistique et la partie enquête de l'opération.

Frost aborda la question de l'armement.

— On va t'apporter le nécessaire ce soir à ton hôtel, dit O'Hara.

— Qui ? demanda Frost.

— J'ai pensé que tout seul avec Saskia, ça risquait d'être un peu juste. Alors, je t'envoie un gorille de première, un type avec qui tu as bossé au Japon l'an dernier. Il n'a qu'un seul défaut : un nom écossais. Il t'apportera ton arsenal.

— Gordon McGowry (1) ? demanda l'homme au bandeau noir.

— Tout juste, répondit O'Hara. Ça te va ?

D'un hochement de tête, le Mercenaire indiqua que ça lui convenait parfaitement. Ancien joueur de football américain, McGowry était également expert dans plusieurs arts martiaux, tireur d'élite et excellent lanceur de poignards. Il représentait aux dernières nouvelles environ cent trente kilos de muscles et

(1) Voir Le Mercenaire, n° 20, *Raz de marée sur Hokkaïdo.*

d'os répartis sur presque deux mètres de haut. Pas vraiment causant, mais très efficace. Un coup d'œil sûr et un sens de l'initiative fort appréciable.

— Vous feriez mieux d'attendre son arrivée avant de commencer à jouer au chat et à la souris avec Ko Tching Yuhan, leur conseilla O'Hara.

— *Natürlich*, dit le Mercenaire en allumant une Camel. En attendant, je vais essayer d'interroger les zonards avec qui Dorothy a traîné ses guêtres pendant deux semaines. Il y a peut-être quelque chose à apprendre de ce côté.

O'Hara marqua une légère hésitation puis tendit au Mercenaire un papier qu'il tira de sa poche intérieure.

— Elle a envoyé ça à ses parents quelques heures avant sa mort.

Frost regarda. C'était la photocopie du verso d'une carte postale expédiée deux jours plus tôt d'Amsterdam à Mr et Mrs Skelding à Brighton. D'après la légende, la photo du recto représentait le Rijksmuseum. Au-dessous, Dorothy exposait en quelques lignes les motifs de sa fugue puis racontait brièvement son expérience d'Amsterdam et, enfin, annonçait son intention de rentrer chez elle.

— Vraiment très dur, murmura Frost en rendant le papier à Mike. A vingt-quatre heures près, elle était sauvée.

Mike approuva d'un hochement de tête consterné.

Le briefing dura encore quelques minutes,

au cours desquelles Bordewijk apprit à Frost que Ko Tching Yuan était allé embaucher en Belgique et en France des mercenaires au chômage qu'il avait déguisés en skinheads pour leur faire exécuter ses basses besognes à Amsterdam.

Le Mercenaire avait l'intention d'aller sans plus tarder faire un tour du côté de l'embarcadère des vedettes. Il connaissait, pour s'y être déjà promené lors de précédents voyages, ce grand ponton de bois colonisé par les routards. C'était sans aucun doute cet endroit auquel Dorothy Skelding faisait allusion dans sa dernière lettre.

— Je suppose que la nouvelle de la découverte du cadavre n'a pas été rendue publique, dit le Mercenaire.

— Bien sûr que non, fit Joop Bordewijk. Nous ne voulons pas donner un coup de pied dans la fourmilière de la 14 K ! Le corps était lesté avec de lourdes chaînes. Il est clair que les assassins ne voulaient pas le voir remonter en surface. Ce sont les gaz dégagés par le début de la décomposition qui l'ont ramené vers la surface. Ils étaient restés emprisonnés à l'intérieur et l'avaient gonflé comme un ballon.

Merci pour les détails, capitaine Joop Bordewijk.

— Les parents ont été avertis ? demanda Saskia.

— Bien sûr, dit O'Hara. Ce sont eux qui nous ont fait parvenir la photocopie de la lettre de leur fille, que Scotland Yard nous a envoyée ce matin par bélino.

— Ne vous inquiétez pas, Bordewijk, dit Frost, Maggie n'oubliera pas de vous faire suivre la facture.

La boutade détendit légèrement l'atmosphère.

— Et le Chinois ? s'enquit le Mercenaire.

— Un vieux renard, dit Bordewijk. Nous n'avons jamais rien pu tenter contre lui. Impossible de lui imputer quoi que ce soit : nous n'avons jamais eu le moindre début de preuve à présenter devant les tribunaux.

L'homme du BVD avait, pour le moins, le sens de l'euphémisme. Le Mercenaire avait quelque idée sur le fonctionnement de la justice dans ce pays. Une magnifique illustration de la faiblesse des démocraties face au banditisme comme au terrorisme. En Hollande pour pouvoir, fût-ce accuser quelqu'un, il fallait pratiquement le prendre la main dans le sac et recueillir des dépositions signées par une armée de témoins.

— Pour vous donner un exemple, poursuivit l'officier du BVD, le parquet nous a autorisé à mettre sur table d'écoute les lignes de sa villa d'Apollolaan. Eh bien, il a dû le savoir dès le lendemain. Car il a commencé à passer d'interminables coups de fil en kouanhoua, sachant qu'il nous fallait à chaque fois, prendre le temps de faire traduire ses conversations. Puis, quand il avait quelque chose de réellement important à dire, il allait téléphoner d'une cabine publique. Jamais la même, bien entendu.

Frost écoutait, évaluant peu à peu l'ampleur de la tâche qu'il avait devant lui. Les ruses de Ko Tching Yuan occupaient presque en permanence une vingtaine d'hommes de la police des stupéfiants d'Amsterdam. Il les baladait un peu partout, faisant croire un jour qu'il allait réceptionner en personne une importante livraison de cocaïne à Blaricum. Aussitôt, une équipe partait sur place pour tenter de le piéger alors que ses hommes de main étaient en train de prendre livraison de la marchandise du côté de Zandvoort ou d'Aerdenhout. Le lendemain, c'était à Hilversum ou à Scheveningen qu'il envoyait une autre équipe tandis qu'une livraison d'héroïne base était impunément remise à un de ses hommes sur le port de Rotterdam... Etc.

— Impossible de pénétrer dans sa villa, disait le policier. Une vraie forteresse gardée jour et nuit par des athlètes en maillot de corps. Tout le monde sait qu'il y a là-dedans un véritable arsenal et assez de drogue pour faire mourir d'overdose toute la population d'Amsterdam mais on ne peut pas perquisitionner faute de mandat...

« Ko Tching Yuan possède un hammam avec salons de massage : le *Toruko* sur Kloveniersburgwal, enchaîna Bordewijk après un court silence. En fait, une espèce de gigantesque boxon...

Soudain, l'officier sembla prendre

consciente de la présence de Saskia. Il leva les yeux vers elle.

— Excusez-moi...

— Continuez, je vous en prie, dit la Hollandaise, l'air agacé.

— Bref, reprit l'homme du BVD, le client peut y aller pour prendre un bain de vapeur ou s'y faire faire un massage traditionnel, s'il le désire. Mais, selon le prix qu'il est décidé à y mettre, il peut aussi dépenser son argent d'une toute autre façon. Il y a des filles qui évoluent dans une grande piscine aux parois de verre. On peut les voir de partout, depuis le bain turc, le sauna, les salons de massage. Si l'une d'elles vous tente, il suffit d'appeler le service, de payer et de désigner la fille qu'on veut. Chacune d'elles porte à la cheville un bracelet de couleur différente. Pas moyen de se tromper. On fait pêcher sa prostituée dans la piscine exactement comme on choisit sa truite dans l'aquarium dans un restaurant de poissons.

Un sourire plissa le visage buriné de l'homme au bandeau noir.

— Il faudra que j'aille faire un tour dans ce *Toruko,* dit-il en tirant sur sa Camel tordue.

Même Bordewijk sourit. Puis, reprenant son sérieux, il poursuivit :

— Je ne vous conseille pas de vous y faire trop remarquer. Il y a peu, nous soupçonnions Ko Tching Yuan d'utiliser son hammam pour recevoir et entreposer de la drogue en provenance de Bulgarie. Nous avons envoyé sur place une taupe. Un policier très valable, spécialement formé pour ce genre d'opération. Il nous a effectivement transmis pas mal de renseignements sur les activités « annexes » du *Toruko,* recueillis auprès des employées.

« Et puis, un beau jour, on l'a retrouvé recroquevillé sur le sol dans une vespasienne derrière l'Oude Kerk. Mort d'overdose. Je vous prie de croire que les hommes de Ko n'y étaient pas allés de main morte sur la quantité d'héroïne qu'ils lui avaient injectée. Il faut dire qu'ils n'ont pas de problèmes d'approvisionnement. Nous n'avons jamais su comment ils en étaient venus à soupçonner notre homme.

O'Hara régla l'addition présentée par la jolie serveuse du Petit Restaurant *De Zon,* la complimenta chaleureusement pour le goût de son vin, puis nota pour Frost les numéros où on pouvait le joindre jour et nuit à La Haye. Le Mercenaire enregistra le tout dans sa mémoire puis brûla le papier dans le cendrier.

Les deux Américains se mirent d'accord sur quelques détails pratiques puis se levèrent.

— *Good luck,* Mike, dit le Mercenaire. Il faut qu'on coince cette bande de fumiers.

— Toi aussi, l'artiste, répondit le rouquin en serrant la main de son ami.

— Je passe à mon hôtel me déguiser en touriste et je vais faire une virée sur le ponton de l'Openhaven, devant Centraal Station, dit Frost. Ensuite, ce sera selon ce que je découvrirai. Tu m'envoies Gordon vers neuf heures ce soir. Pas la peine qu'il arrive plus tôt pour les travaux d'approche nocturnes.

— OK, dit l'homme du GAL. *Take care,* Hank, ne prends aucun risque avant son arrivée.

Frost promit d'être sage.

— Neuf heures au *Rembrandt,* ça vous va, Saskia ? demanda-t-il à la jeune femme.

Elle se leva comme si un ressort l'avait éjectée de sa chaise. Et Frost se rendit compte qu'elle était presque aussi grande que lui. Vraiment une très belle plante. Il fallait aimer l'abondance mais, de temps en temps, le Mercenaire n'avait rien contre...

— Capitaine Frost, dit-elle, sourcils froncés par le courroux, la GRC auprès de qui mon gouvernement m'a détachée m'a confié pour mission de mettre un terme aux activités criminelles de Ko Tching Yuan. Quant aux autorités de mon pays, elles sont actuellement confrontées à la menace de terroristes prêts à frapper aveuglément et n'importe où. Je suis décidée à tout mettre en œuvre pour les aider à éliminer cette menace dans la mesure où les deux missions peuvent être menées simultanément. Or, pour le moment, un faisceau de convergences nous indique, non seulement qu'elles peuvent l'être, mais qu'elles sont intimement liées.

Amusé par ces circonvolutions oratoires, le Mercenaire traduisit :

— En clair, vous insistez pour m'accompagner cet après-midi dans ma chasse aux xanthodermes.

— Exact, dit Saskia en souriant. et vous remarquerez que moi, je suis déjà déguisée en touriste.

Tee-shirt *Fruits of the loom,* Wrangler stone wash et baskets noires, elle était parfaite dans le style relax.

— Xanthodermes, murmura O'Hari, ahuro (1). Xanthodermes... Quèque c'est qu' ça ?

— Les hommes de race jaune, expliqua Saskia van Izendorn. Je pense que le capitaine Frost faisait allusion aux Chinois de la 14 K.

Instruite avec ça, la belle Batave...

— Côté culture, il faudrait que tu fasses un petit effort, Mike, ricana le Mercenaire.

— La culture, riposte le rouquin, c'est comme la confiture...

— ... moins on en a, plus on l'étale, compléta l'homme au bandeau noir.

Ils rirent sous le regard un peu étonné des Hollandais qui se demandaient à quoi jouaient ces deux grands gosses de Yankees. Puis ils se retrouvèrent sur le trottoir et redevinrent sérieux, déjà concentrés sur leurs missions respectives.

O'Hara et Bordewijk partirent en direction du Dam où les attendait une Porsche 928 de la Rijksrecherche, prête à les conduire à toute allure à La Haye.

(1) N.d.E. : Le traducteur, épuisé, avait d'abord proposé « A'Hara, ohuri », puis « O'Hura, ahari ». Vaincus, nous avons retenu sa troisième tentative.

Hank Frost prit Saskia van Izendorn par le coude et l'entraîna dans Raadhuisstraat pour gagner l'hôtel *Rembrandt* à pied en longeant le Herengracht. Il éprouvait le plus grand respect pour cette femme policier, qui avait le courage de jouer le rôle d'appât pour attirer dans les filets de la police ce dangereux gangster de Ko Tching Yuan. Il l'observait du coin de l'œil. Elle était sportive, élancée, belle. Avec une démarche pleine d'élégance, presque hautaine. Il était deux heures moins le quart et un soleil magnifique argentait les câbles des tramways au-dessus de Raadhuisstraat. Un soleil qui donnait envie de vivre.

Le Mercenaire n'aurait pas eu besoin de se forcer beaucoup pour se croire en vacances. Mais, malgré les flots de lumière qui éclaboussaient Amsterdam, malgré la présence sensuelle de Saskia à ses côtés, quelque chose l'en empêchait. Une fille à peine sortie de l'adolescence était morte quelques jours plus tôt. Il se jura de faire payer les porcs qui avaient commis ce crime odieux. Tant que ce ne serait pas fait, même si Ko Tching Yuan était en prison pour la vie, même si les terroristes étaient définitivement neutralisés, l'homme au bandeau noir ne considérait pas sa mission comme accomplie.

On aurait dit que Saskia van Izendorn lisait dans ses pensées. Frost sentit la main de la jeune femme lui serrer l'avant-bras comme pour lui donner courage, l'aider à aller jusqu'au bout de la promesse qu'il venait de se faire.

*
**

Le pistolet mitrailleur Skorpian crépita à la hanche de Sean Doherty. L'Irlandais vida un chargeur complet de trente cartouches, traçant un pointillé bien régulier sur la cible de kevlar placé à vingt mètres. Puis, l'arme fumante à la main, il se retourna vers Gricha Tardziov et commenta :

— *Light, accurate and lethal. I love it* (1) *!*

Le Bulgare sourit. Il savait que le terroriste apprécierait la petite arme de fabrication tchécoslovaque. La grande nouveauté de ce pistolet mitrailleur n'était pas sa conception, relativement ancienne, mais les matériaux qui le constituaient. On avait pratiquement réussi à en éliminer le métal. Ainsi lorsqu'il était démonté, les pièces éparpillées dans une valise, le Skorpian pouvait passer les contrôles des aéroports et voyager en avion aussi sereinement qu'une brosse à dents. Gricha Tardziov rêvait au jour où l'on pourrait en faire autant avec le nouveau Kalachnikov AKS-74. Mais on en n'en était pas là. Ce Skorpian était un prototype, le seul que la Kintex eût en sa possession. Gricha Tardziov, capitaine du DS bulgare, espérait que ce serait simplement le numéro un d'une grande famille.

(1) Léger, précis, mortel. Je l'adore !

— Cadeau de la maison, dit-il. Prenez-en soin et revenez nous voir pour nous faire votre rapport sur son efficacité en conditions réelles.

— Je n'y manquerai pas, promit Sean Doherty, conscient de l'honneur que lui faisait l'officier bulgare.

Ils se trouvaient au stand de tir installé à l'intention des clients au sous-sol du grand bâtiment qui abritait la Kintex, boulevard Anton Ivanov à Sofia.

La Kintex, officiellement une société d'Etat exerçant ses activités dans import-export, était, en réalité une filiale du DS bulgare, lui-même filiale du KGB et, très certainement, l'un des acolytes les plus efficaces du tentaculaire service d'espionnage soviétique. En fait la Kintex était, d'après les experts du bloc Ouest, la plus grosse entreprise criminelle de tous les temps. Maffia, Camorra, Triades, Yakuza et tutti quanti pouvaient faire figure d'apprentis auprès de cette mécanique énorme qui avait sur eux pour avantage principal de travailler avec la complicité et l'assistance d'un Etat.

En vingt ans, la Kintex avait, disait-on, fourni la moitié des armes utilisées dans le monde pour des guerres subversives, aussi bien au Liban qu'aux Philippines ou au Kampuchéa. En moitié moins de temps, elle avait, disait-on, fourni la moitié de la drogue dure consommée dans le monde libre.

Les objectifs des Bulgares étaient simples. Premièrement, aider toute action terroriste susceptible d'affaiblir l'Occident, deuxièmement, déverser sur le bloc Ouest le maximum possible de drogues pour accélérer le pourrissement de cette société décadente.

Mais, incidemment, on s'était rendu compte que ces manœuvres de subversion et d'intoxication avaient des retombées financières non négligeables. Les experts en économie estimaient à environ vingt-cinq milliards de dollars le chiffre du commerce extérieur de la Bulgarie. Or, dernièrement, grâce au recoupement d'informations fournies par d'anciens agents du DS passés à l'Ouest, d'autres sortes d'experts — ceux qui se penchent sur les affaires d'espionnage et de terrorisme — estimaient à... vingt-cinq milliards de dollars annuels le bénéfice réalisé par la Bulgarie grâce au trafic d'armes et de stupéfiants. A elle seule, la Kintex réalisait en profits un chiffre comparable à celui du commerce extérieur de tout le pays.

Doherty démonta rapidement le Skorpian et en examina les pièces d'un œil expérimenté. Malgré son jeune âge, la dextérité avec laquelle il opérait forçait l'admiration et trahissait une longue expérience des armes. Gricha Tardziov le regardait faire, l'œil brillant, comme un maître fier d'un de ses meilleurs élèves.

Il tendit à l'Irlandais trois chargeurs et une boîte de munitions, précisant :

— Je suis sûr que vous n'aurez pas à vous en

servir au cours du voyage. Tout a été soigneusement étudié pour que leurs chances de vous intercepter soient équivalentes à zéro. Et vous pouvez nous faire confiance...

Doherty hocha la tête. Il connaissait l'enjeu pour le DS, et plus particulièrement pour Tardziov.

Le Bulgare se leva et revint quelques instants plus tard, muni d'une petite valise à flancs souples qu'il posa sur le comptoir du stand de tir.

Sean Doherty sourit.

— Vous ne m'avez toujours pas expliqué les conditions du passage..., dit-il.

Le capitaine du DS eut un regard embarrassé.

— La fin du trajet ne sera pas très confortable.

L'Irlandais eut un haussement d'épaules agacé.

— Vous croyez que ça compte pour moi, le confort ?

C'était vrai ; comment Gricha Tardziov avait-il pu penser que le jeune homme se soucierait de pareilles contingences ? Le DS avait longuement étudié le dossier Doherty. Du béton. Partisan de l'action violente, il avait été exclu deux ans plus tôt de l'IRA à cause de ses positions extrémistes. Depuis, avec deux compagnons d'armes, il avait nourri sa frustration pendant des mois avant de décider de se venger de cette Europe pourrie qui ne lui avait jamais laissé aucune place, pas même au sein de ses organisations terroristes. Mais sans infrastructure, sans logistique, impossible de réaliser le coup spectaculaire dont il rêvait. Il avait donc pris contact avec le DS, avait prouvé ses compétences en effectuant nombre de passages de stupéfiants pour le compte de la Kintex, avait ensuite suivi une formation spéciale à l'école du KGB et, maintenant, il était prêt à agir pour son compte avec l'aide de ses maîtres.

Pour les Bulgares, Doherty et ses deux complices présentaient tous les avantages. Fanatisés, frustrés, ils étaient prêts à tout pour faire entendre ce qu'ils jugeaient comme leur cause légitime ou, faute de se faire entendre, exercer ce qu'ils appelaient la justice du peuple. Prêts à mourir. En outre, bien qu'anciens membres du noyau le plus dur de l'IRA, les trois terroristes n'avaient jamais été fichés. Et enfin, ils bouillonnaient d'impatience de montrer que les plus durs étaient les plus forts malgré les déboires que venait de connaître l'organisation au sein de laquelle ils avaient combattu naguère.

— Vous voyagerez en avion jusqu'à Brême. C'est après que ce sera plus difficile. Nous avons pensé, malgré le nouveau pistolet mitrailleur que nous vous fournissons, qu'il serait plus sage d'entrer aux Pays-Bas par voie terrestre.

Le terroriste approuva.

— C'est le reste de la marchandise qui pose

problème, je comprends. Comment se terminera le voyage ?

— Dans un container à double fond transporté par un camion de la Komet Spedition, répondit Tardziov.

— Une entreprise de transport ouest-allemande ? s'étonna l'Irlandais.

Un sourire avisé étira les lèvres de Gricha Tardziov.

— Une entreprise ouest-allemande dans laquelle nous avons réussi à prendre petit à petit et très discrètement une participation majoritaire grâce à notre société étatique de transport Despred. Bref, nous faisons la pluie et le beau temps dans la maison.

Doherty marqua son admiration par une mimique très expressive. Quelle satisfaction de travailler avec des professionnels, des vrais, et qui avaient des moyens !

— On vous débarquera directement à Amsterdam où un envoyé de la 14 K viendra vous chercher. Les contacts ont déjà été établis avec vos compagnons sur place. Des questions ?

D'un signe de la tête, le jeune homme indiqua qu'il n'avait aucune question. Le plan lui paraissait parfait. Satisfait, l'homme de la Kintex lui expliqua le fonctionnement de la valise à double fond.

— Ici, vos effets personnels. Et ici, regardez bien, je glisse la main sur la doublure, je tire le tissu, je l'introduis à l'intérieur, je redescends et je trouve... une fermeture cachée !

L'air ravi, Gricha Tardzio poursuivit la démonstration.

— Et voilà. Un soufflet totalement invisible. Il y a six kilos et demi d'héroïne pure que nous avons saisie sur des passeurs turcs à la frontière de notre pays. Vingt-cinq millions de dollars. C'est le prix que vous en demanderez à Ko Tching Yuan. Pas un *cent* de moins.

— Et s'il ne marche pas ?

— Il marchera, assura l'agent bulgare. Il en tirera au moins le double à la revente au détail. Vous gardez un million pour vous. Je veux vingt-quatre millions de dollars ici dans les meilleurs délais. C'est le prix du Soman.

Doherty hocha la tête. Il savait qu'il ne devait pas doubler l'homme du DS. D'abord, les Bulgares avaient besoin de cet argent. Ensuite, ils lui faisaient une fleur sans précédent en acceptant de lui fournir du Soman, très certainement volé dans un dépôt de l'Armée Rouge. Et puis, si les Bulgares étaient très « dévoués » quand on marchait avec eux, ils avaient la rancune tenace. Nul n'ignorait que le DS n'avait pas son pareil pour retrouver les traîtres, où qu'ils se cachent dans le monde, et pour les faire disparaître implacablement.

— Où avez-vous mis le Soman ? demanda avidement le jeune terroriste.

L'air pénétré, Gricha Tardziov leva un index qu'il agita devant son visage pour bien montrer à quel point ce qu'il allait dire était important.

— D'abord, commença-t-il d'un ton confidentiel, vous n'ignorez pas que si ce produit vous a été livré, c'est que nous vous faisons entièrement confiance. Je ne vous dis pas la catastrophe que ce serait si la fiole tombait dans les mains d'agents du bloc adverse. Ensuite, vous savez que j'ai pris un risque personnel en plaidant votre cause. Je me suis engagé.

Doherty commençait à s'énerver. Oui, il savait tout ça ! Oui, il était conscient de ses responsabilités ! Il dut faire un gros effort pour ne pas s'emporter et pour écouter sagement le sermon de son interlocuteur.

— Ne trahissez pas notre confiance, mon petit Sean, dit le Bulgare, sur un ton bon enfant teinté de paternalisme. Vous aurez entre les mains une arme terriblement dévastatrice et surtout un secret militaire qui vous engage par rapport à nous mais aussi par rapport à nos alliés.

L'Irlandais écoutait sagement. Tardziov lui tendit un papier.

— Voici un rapport du Pentagone sur le Soman, expliqua-t-il. C'est tout ce que nous avons trouvé en langue anglaise pour bien vous faire comprendre ce que nous vous confions. Lisez-le vous y trouverez tous les renseignements pour éviter les erreurs de manipulation. Ce rapport a été établi d'après des études faites en Afghanistan par le Center for Disease Control d'Atlanta après utilisation du Soman par des troupes soviétiques contre les maquisards.

Cérémonieusement, Gricha Tardziov ouvrit un second soufflet de la valise, tout aussi bien caché que le premier et situé sur l'autre flanc, tout simplement.

— Voici la fiole, dit-il d'une voix solennelle. Elle est à l'épreuve des chocs les plus violents, même des balles. Je vous conseille de ne l'ouvrir qu'au dernier moment en respectant bien les précautions d'emploi. Gants et masque à gaz. Le reste du soufflet vous servira à ranger vos munitions et les pièces de votre Skorpian.

Doherty approuva, très calme. Mais, intérieurement, il bouillonnait. S'il avait cédé à son impulsion, il aurait empoigné la valise, remercié le Bulgare d'une grande claque dans le dos et filé droit sur Amsterdam pour leur montrer de quoi il était capable.

Au lieu de cela, il déplia calmement le papier que lui avait remis Tardziov. Il s'agissait d'un rapport ultra-secret du Pentagone, une information restreinte et « compartimentée », visiblement décodée à grand-peine par le chiffre du DS. En lisant les en-têtes, Doherty comprit que le rapport était encore plus secret qu'il ne l'avait pensé. Il était exclusivement destiné au Président, au secrétaire à la Défense et au chef du NSC.

Il en commença la lecture avec une indicible délectation :

Nous avons à ce jour été incapables d'établir la formule chimique d'une substance appelée Soman et utilisée par l'armée soviétique contre les guérilleros d'Afghanistan. Nous sommes, en revanche, en mesure de décrire son aspect et ses effets, en attendant de nous en procurer un échantillon pour pouvoir déterminer sa composition.

Le Soman est, comme l'eau, incolore, inodore et sans saveur. Son action pourrait être qualifiée de myoneutralisante, en ce sens qu'elle agit sur les muscles. Une goutte de Soman sur la peau, l'inhalation d'une bouffée de ses émanations suffisent à tétaniser tous les muscles du corps y compris le cœur selon un processus, soit extrêmement rapide, soit progressif.

En effet, nous avons pu constater que l'effet du Soman n'était pas le même sur tous les individus. Certains meurent instantanément. D'autres agonisent pendant des heures, victimes de contractions irrégulières mais de plus en plus rapprochées et entraînant irrémédiablement la mort.

A ce jour, il n'a été observé aucune forme de guérison ou de rémission chez une victime du Soman, et nous ne connaissons pas d'antidote à ce produit particulièrement létal.

Il est clair que le Soman, de par son efficacité et son pouvoir contaminant aussi bien par respiration que par contact sur l'épiderme, est actuellement l'une des armes les plus redoutables de l'arsenal chimique mis au point par l'armée soviétique, et que...

Sean Doherty arrêta sa lecture. Il aurait tout le temps de la poursuivre dans l'avion. Et il en savait déjà suffisamment. Un sourire féroce déforma ses traits juvéniles.

Il en connaissait qui n'allaient guère apprécier de trouver une goutte de Soman dans leur soupe de pois, ou ailleurs...

Gricha Tardziov souriait aussi. Jusqu'à présent, le Soman n'avait jamais été testé à grande échelle sur des populations civiles à l'occasion d'un acte terroriste commis en temps de paix. Il avait été employé au Cambodge et en Afghanistan, mais uniquement comme arme de guerre.

C'était une grande première qui se préparait. Si l'homme du DS avait cru en Dieu, il lui aurait certainement adressé une prière pour qu'il guide les pas de Sean Doherty...

CHAPITRE IV

Animal. C'est le premier adjectif qui vint à l'esprit du Mercenaire après voir fait l'amour avec Saskia. Animal, débridé, sauvage. Et sublime. Il sourit et se tourna vers elle. Elle sourit aussi et lui effleura les lèvres d'un baiser léger comme un papillon.

Impossible de dire qui avait cherché l'autre le premier. A peine la porte fermée, ils s'étaient retrouvés nus, enlacés sur le lit dans la chambre du *Rembrandt*. C'était, plus qu'une envie, un besoin. Besoin du contact de leurs peaux, besoin du partage dans la violence, besoin du rapprochement le plus intime qui puisse exister entre deux êtres, besoin de se souder l'un à l'autre pour se sentir unis face aux dangers qu'ils s'apprêtaient à affronter.

L'explosion était venue vite, très vite. Une vague déferlante. Ensuite, Frost s'était changé. Jean, tee-shirt, paraboots. Ils n'avaient pratiquement pas échangé une parole. C'était inutile. Frost et Saskia savaient. Ils savaient le plaisir intense qui les avait chaviré l'un et l'autre.

Maintenant, ils avaient l'air de parfaits touristes, marchant dans Sint Nicolaasstraat en direction de Centraal Station. Ils bifurquèrent à gauche dans une grande zone piétonne regorgeant de commerces, de cafés, de petits restaurants. Ils s'arrêtèrent un moment devant une minuscule boutique violette baptisée, non seulement sans complexes mais apparemment avec une certaine fierté, *The Smallest Shop In Town*, et c'était vrai. On ne pouvait certainement pas trouver plus petit. C'était une échoppe de coiffeur mais on aurait dit une cabine de bain. Elle faisait en tout et pour tout la largeur de la porte et à peine plus en longueur. Derrière la vitre, l'homme de l'art officiait, virevoltant autour de son unique client installé sur un petit tabouret. Il en avait tout juste la place. Pas question, naturellement, d'attendre à l'intérieur. Il fallait soit faire la queue dehors, soit repasser quand c'était libre. Et le commerce semblait marcher fort. A chaque fois que Frost était passé devant cette boutique, il avait trouvé le coiffeur à la tâche.

En face, se trouvait une fromagerie qui proposait Edam, Gouda, Mimmolette et, un peu plus loin, un bureau de tabac-souvenirs. C'est là que Frost entra, disant à Saskia de l'attendre devant la porte. Il en ressortit un moment plus tard, ayant acheté un paquet de Camel et un Opinel à virole un peu ridicule comparé à son Gerber MK-I. Mais, en cas de pépin, mieux valait avoir quelque chose pour se défendre.

Frost prit la taille de Saskia et, tels des badauds, ils repartirent vers le Damrak. Là, ils s'attaquèrent courageusement à la traversée de Prins Hendrikkade, juste avant le pont reliant le Damrak à Stationsplein. Rude épreuve. Les tramways passaient dans des grincements de métal sur métal, faisant tinter leurs avertisseurs. Les voitures vrombissaient. Les véhicules les plus nombreux étaient les grands vélos à cadre tordu en col de cygne. Eux seuls ne faisaient pas de bruit, à l'exception de leurs coups de sonnette. Et tout ce monde-là avait ses voies réservées, ses priorités, sa signalisation et ses feux de circulation. Pour le piéton, tenter de se repérer là-dedans tenait de l'utopie pure et simple. A Amsterdam, les taxis étaient encore plus fous qu'à Paris. Ils fonçaient dans les petites rues à des allures démentielles. Idem dans les sens uniques bordant les canaux. La signalisation était la chose la plus ésotérique qui pût exister. La circulation et, surtout, le stationnement, étaient un enfer. Quand on n'avait pas à se déplacer trop loin du vieux centre, le meilleur véhicule était la bicyclette ou, à défaut, une bonne paire de souliers, les camions de la fourrière se faisant un plaisir d'enlever en quelques minutes toute voiture mal garée, avec une nette préférence pour celles qui portaient des plaques allemandes.

Il était trois heures trente de l'après-midi et les routards se trouvaient en ville. Une bonne moitié du ponton de bois était jonchée de sacs à dos, balluchons, duvets roulés et liés avec une ficelle. Le tout était gardé par un individu aux longs cheveux roussâtres, mal rasé, portant un jean élimé et une vieille chemise à carreaux marron.

Suivi de Saskia, Frost descendit les marches de bois. A la vérité, « garder » était un bien grand mot pour qualifier l'activité du zombie en question. Il ronflait comme un sonneur et le bruit de leurs pas ne le tira nullement de sa torpeur. Ils approchèrent. Frost toussa bruyamment. Rien. Il se mit à siffloter. Toujours rien. Il allait tenter un aboiement quand le garçon ouvrit un œil, puis deux. Des yeux injectés de sang. Des yeux de junkie.

Il commença par regarder dans le vague. A l'évidence, il lui fallait plusieurs secondes pour arriver à focaliser et à voir qui était là. Mais, quand il y parvint, son visage devint livide.

Le Mercenaire crut d'abord que c'était son bandeau qui faisait grosse impression.

— On ne te veut pas de mal, dit-il d'un ton rassurant. On vient juste te poser quelques questions.

Puis il se rendit compte que ce n'était pas lui qui provoquait une telle réaction sur le jeune camé. C'était Saskia qu'il regardait. Et cette apparition inattendue le plongeait dans une transe dégoulinante.

— Qué... qu'est-ce que vous voulez ? demanda-t-il, hagard.

— Te poser une question ou deux, répéta Frost.

— Foutez le camp ! lança Marcus Heselaars, terrifié.

Tout à fait intéressant. Le Mercenaire se dit qu'il avait tapé dans le mille. Finalement, il avait bien fait de venir avec Saskia.

— Foutez le camp, répéta l'autre, de plus en plus affolé.

Frost en avait maintenant la conviction : c'était Saskia qu'il regardait. Il tira de sa poche-revolver la photo de Dorothy Skelding que lui avait donnée Julie et s'accroupit devant le camé.

— Tu connais cette fille ?

Les yeux de Marcus firent plusieurs fois la navette entre le cliché et le visage de Saskia van Izendorn. Sa bouche était grande ouverte, son regard comme halluciné. Visiblement, il était incapable de prononcer une parole.

— T'as un problème ? demanda Frost.

Marcus retrouva la parole.

— Laissez-moi ! Qu'est-ce que je vous ai fait ? Si vous ne partez pas, j'appelle les flics !

Les flics... Frost en avait déjà entendu de savoureuses dans sa vie mais des comme celle-là, jamais. Il décida pourtant de ne pas insister.

— Viens, darling, dit-il. Je crois qu'on dérange...

Saskia le regarda, stupéfaite. Visiblement

elle se demandait s'il n'avait pas de la pâte de Gouda à la place de cervelle. D'un signe de tête autoritaire, l'homme au bandeau noir lui ordonna de le suivre et repartit vers les escaliers. Elle lui emboîta le pas. Dès qu'ils furent en haut, et hors de portée de voix, elle s'étonna :

— Pourquoi tu n'as pas insisté ? Tu n'as pas vu comment il me regardait ? Ce type-là sait quelque chose, c'est évident...

— Evident, approuva le Mercenaire. Il a dû rencontrer Dorothy Skelding. Et il a sûrement quelque chose à se reprocher. Tu as vu comme il a paniqué ?

— Justement, fit Saskia. Il fallait l'interroger.

— Viens, dit simplement Frost. S'il a quelque chose à nous dire, on va attendre qu'il le fasse de lui-même.

Les sourcils blonds de Saskia se plissèrent au-dessus de ses yeux noisette. Frost se demanda si elle réfléchissait ou si elle le prenait pour un fou. Il prit la main de Saskia et l'entraîna à l'intérieur de la gare.

Quelques minutes plus tard, ils virent la tête hirsute de Marcus Heselaars émerger du parapet en haut de l'escalier de bois.

— Le voilà, dit Frost. Tu avais raison, il a des tas de choses à nous dire.

La fille sourit. Cette fois, elle avait compris le raisonnement du Mercenaire. De son œil aussi glauque que les eaux de l'Openhaven, Heselaars balaya Stationsplein et la façade de la gare. Frost et Saskia reculèrent dans le hall pour ne pas se faire repérer et se trouvèrnt bientôt mêlés à une foule hétéroclite aussi bien composée d'hommes d'affaires d'allure respectable que de flics débonnaires aux cheveux longs ou que de petits dealers de drogues douces qui opéraient au grand jour. A sa gauche, Frost vit une Américaine d'une vingtaine d'années qui enseignait à une gamine à peine pubère la meilleure façon d'aborder le client. Tout un art. Car ici l'offre était beaucoup plus importante que la demande.

Apparemment rassuré, Heselaars longeait le parapet d'un pas titubant. Frost suivait sa progression hasardeuse d'un œil satisfait. Si ce type allait faire un tour en ville dans l'état où il était, c'est qu'il était poussé par une urgence. Une urgence visiblement créée par la visite de Frost et Saskia.

— Il va prévenir quelqu'un, souffla le Mercenaire à l'oreille de la Hollandaise. On va le suivre discrètement.

Il venait à peine de terminer sa phrase lorsqu'il vit, du coin de son œil unique, une silhouette menue qui s'approchait d'eux. Il reconnut la jeune élève à qui l'Américaine était en train de donner une leçon quand ils étaient entrés tout à l'heure. Elle se planta devant eux, l'air intimidé, puis prit sa respiration pour commencer à vanter sa camelote. A ce moment, sa « prof » la vit et s'approcha à grands pas courroucés.

— *Not those ones,* lança-t-elle furibarde. *Too old...* (1).

Ça faisait toujours plaisir à entendre.

Dehors, Heselaars était presque arrivé au pont. Il s'appuya un instant au garde-fou de pierre pour reprendre son souffle. Visiblement, ce type était au bout de son rouleau. Il pouvait à peine se traîner. Il était pitoyable, le pauvre, mais ça faisait bien l'affaire de Frost. Dans la foule d'Amsterdam, un gars bien exercé pouvait semer n'importe quelle filature. Peut-être pas aussi facilement qu'à Hong-Kong, mais presque.

Le junkie fit un nouveau tour d'horizon puis reprit sa marche hésitante. Frost le vit faire une halte devant un gros orgue de barbarie bigarré installé sur le trottoir du pont, puis repartir vers le Damrak.

— Allons-y, dit-il à Saskia. A cette distance, il ne nous verra jamais.

Ils sortirent de la gare, traversèrent Stationsplein et s'engagèrent sur le pont. A une trentaine de mètres devant eux, Heselars marchait, de plus en plus péniblement. Il était obligé de s'appuyer à la rambarde.

Frost et Saskia continuèrent de le suivre à distance respectable. Apparemment, il se dirigeait vers le Dam. Non. Il traversa et tourna à droite dans Oudebrugsteeg. Il allait vers l'Oude Kerk.

(1) Pas ceux-là, voyons ! Trop vieux.

***

Munis de la clef trouvée dans le jean de Dorothy, Stonba et Jumbo étaient allés à Centraal Station fouiller le casier de consigne. Déception. Non seulement ils n'avaient découvert dans le petit bagage de leur victime rien qui soit susceptible d'intéresser Ko Tching Yuan au point de lui faire oublier l'étrange disparition de Klonezy, mais ils avaient maintenant la preuve qu'ils avaient torturé et tué une innocente victime. Le sac contenait en effet un peu d'argent, quelques affaires personnelles, un porte-cartes avec des papiers divers et, surtout, un passeport au nom de Dorothy Skelding.

Ko Tching Yuan avait chargé Stonba et Jumbo de rechercher Klonezy. Les deux anciens mercenaires étaient rentrés bredouilles, et pour cause. Evidemment, la disparition d'un de ses skinheads n'avait pas ravi le chef de la triade 14 K, surtout au moment où il préparait un coup important à Amsterdam. Mais, contrairement à ce que redoutaient les deux autres sbires, le Chinois avait très vite renoncé à remuer ciel et terre pour retrouver la brebis égarée. Ko Tching Yuan savait que ce type de personnages étaient instables et lunatiques. Il pensait qu'André Levert alias Klonezy était simplement allé se faire pendre ailleurs sans prévenir.

Stonba et Jumbo avaient repris leurs activités, bien décidés à cacher la vérité sur la disparition de leur collègue ainsi que sur la véritable identité de Dorothy Skelding. Tout ce qu'ils avaient trouvé dans le casier de consigne à Centraal Station avait été brûlé, y compris les billets de banque.

Une chose était difficile à digérer pour les deux voyous. Tout ça était la faute de Gus, un « keubla » qui les avait bien roulés en leur amenant une fille qui n'était pas la bonne. Et impossible de révéler le fin fond de l'affaire au « niacoué » sans se trahir eux-mêmes.

Les deux skinheads jouissaient d'une certaine liberté quand leur employeur se trouvait dans sa villa d'Apollolaan entouré de ses Bruce Lee. Ils avaient décidé de profiter d'un de ces jours de tranquillité pour régler eux-mêmes le cas de Gus.

Pourtant, un contretemps vint provisoirement s'interposer dans la mise en œuvre de leur sinistre projet : c'est précisément Gus que Ko Tching Yuan choisit comme émissaire pour traiter avec les Irlandais. Pour Stonba et Jumbo, c'était clair : Gus était condamné. Il en savait trop. Voilà pourquoi Ko l'avait désigné comme représentant de la 14 K auprès des terroristes. Une fois le deal conclu avec la bande à Doherty, il ne resterait plus qu'à éliminer le Black. Il était le seul à tout savoir. Hop, plus de témoin gênant. Un vieux renard, ce Ko Tching Yuan...

Ça remontait un peu le moral des deux skins tandis qu'ils allaient briefer le Noir sur son nouveau rôle. Ils avaient pris le 4 × 4 Toyota que Ko mettait à leur disposition. Mauvaise idée en plein après-midi. Impossible de se garer le long de l'Oude Zijds Voorburgwal ; ils durent remonter pratiquement jusqu'à Zeedijk pour se garer.

Ils redescendirent à pied jusqu'à l'Oude Kerk. Le Surinamien était à son poste habituel, au bout d'Oudekennisteeg.

Les skins approchèrent par-derrière, sans un bruit malgré leurs Docs.

— Salut beau gosse !

Gus se retourna d'un bond. Ravi de son coup, Stonba éclata de rire.

— Qu'est-ce que vous voulez ? grogna le Noir.

Il n'aimait pas ces types. D'abord parce que c'étaient des skins et qu'ils ne rêvaient que de bouffer du Black, du Juif, du pédé et du junkie. Ils se foutaient de travailler pour l'un des plus gros trafiquants de drogue d'Europe, mais ils ne pouvaient pas supporter la vue d'un camé. « Arrange-toi avec ça. » C'était la réplique de Jumbo à chaque fois qu'on lui faisait remarquer de telles incohérences dans son raisonnement. En général, la réponse était accompagnée d'un coup de Doc dans le fondement à vous en faire claquer les dents ou d'un bourre-pif à vous faire respirer une odeur de sang pendant au moins trois jours.

Gus ne les aimait pas mais, en plus, maintenant il en avait la trouille. Ces types étaient capables de tout. Ils avaient torturé à mort la fille dénoncée l'autre jour par Marcus et avaient balancé son cadavre dans l'Amstel. Ils l'ignoraient, mais Gus les avais vus...

En quelques mots, le mercenaire belge expliqua au Surinamien la nature de sa mission. Gus était moins naïf qu'ils ne le pensaient. Il flaira le coup fourré.

— Pourquoi le deal n'a-t-il pas lieu sur votre péniche, comme d'habitude ? demanda-t-il.

— Ordre du boss, répliqua sèchement Jumbo. T'as quèque chose à y redire, le keubla ?

Dans la poche de son pantalon de cuir, la main de Stonba s'était refermée sur le manche de son Opinel. Le geste n'avait pas échappé à Gus.

— Rien à y redire, assura-t-il.

— C'est nous qui viendrons te donner les instructions pour la rencontre, reprit Stonba. Nous et personne d'autre. Vu ?

— Ouais, dit Gus, revêche. J'ai pas besoin d'un dessin en couleur.

— T'as d' l'humour, toi, ricana Stonba. Mais moi, les bons mots des Blacks, ça me fait jamais autant rire que quand c'est leur dernier soupir.

Gus leur adressa un sourire contraint.

— Excusez-moi, les gars, mais si vous n'avez plus rien à me dire, j'ai du boulot...

A cet instant, une voix éraillé le héla depuis l'autre bout d'Oudekennisteeg :

— Gus ! Gus !

Les trois hommes regardèrent. D'abord, ils

ne virent que Marcus Heselaars qui arrivait presque en courant.

Puis, au détour de la ruelle, ils virent apparaître, en même temps, un grand moustachu brun avec un bandeau de cuir noir sur l'œil gauche et une jeune femme blonde dont la silhouette et les traits leur évoquèrent immédiatement un souvenir récent.

— *Godverdom !* s'exclama Stonba. Cette fois, c'est la vraie.

Un rictus mauvais s'épanouit sur les lèvres craquelées de Jumbo. Il hocha la tête.

— On a bien fait de venir ici aujourd'hui, dit-il d'un ton traînant qui en disait long.

Gus était pétrifié. Il était le seul à ignorer que Dorothy Skelding n'était pas Saskia van Izendorn.

— Nom de Dieu..., murmura-t-il, médusé, nom de Dieu...

Marcus l'appela une nouvelle fois :

— Gus ! Il faut que je te voie !

Lui n'avait pas vu le Mercenaire et Saskia qui arrivaient derrière lui.

— Fais-lui signe de venir, ordonna Jumbo.

Gus obéit, comme un automate.

— Qu'est-ce que vous allez faire ? demanda-t-il, inquiet.

— Ça, répondit Stonba, ça te regarde pas. Parce que tu vas te casser d'ici vite fait su' l' gaz ! T'as déjà vu assez d'horreurs comme ça dans ta vie, mon pote. A commencer par le trou de ta mère le jour de ta naissance...

Gus ne répondit pas. Il déguerpit en direction de son scooter garé à une dizaine de mètres. Stupéfait de sa réaction, Marcus Heselaars se mit à courir vers lui.

Dans Oudekennisteeg, Frost arrêta Saskia d'un geste du bras.

— Qu'est-ce qui se passe ? s'enquit-elle.

— Je n'en sais rien, mais ça ne me plaît pas

Frost avait du mal à respirer normalement. A cette heure de la journée, ce n'était pas encore l'odeur de l'urine mais celle du crésyl déversé le matin par la voierie pour assainir les rues du quartier, mais le résultat était le même.

Un Noir, visiblement le type que le zonard venait voir, était en train de se sauver comme un voleur. Le zonard, lui, devait avoir retrouvé sa forme de vingt ans car il courait sur ses traces presque comme un lapin.

L'homme au bandeau noir mémorisa les visages dans sa tête. Il regrettait de ne pas avoir d'appareil photo. Pour lui, une chose était évidente : le Noir avait reconnu Saskia et c'était ça qui le faisait détaler. Mais pourquoi ? La tactique de la chèvre donnait l'inverse du résultat escompté...

— Go ! lança Stonba.

Les deux skins s'élancèrent. C'est alors seulement que le Mercenaire réalisa qu'ils étaient dans le coup eux aussi. Le soleil de juillet qui inondait les berges de l'Oude Zijds Achterburgwal fit briller les lames de leurs couteaux. Plongeant la main dans sa poche pour attraper son Opinel, petite arme dérisoire contre ces deux tueurs tatoués et taillés comme des joueurs de football américain, Frost fit un pas chassé pour occuper le centre d'Oudekennisteeg. Il savait que c'était à la fille que les skinheads en voulaient.

Protéger Saskia. C'était sa seule idée. Sans se retourner, il lui cria :

— Sauve-toi ! Va te planquer dans la Vieille Eglise !

Il ne sut si elle lui obéissait. Impossible d'entendre ses pas. Impossible d'entendre, même si quelqu'un était en train de le prendre à revers. Un seul bruit lui martelait les tympans : les Docs des deux tatoués, avec leurs semelles claquant sur le pavé entre les murs de brique qui encadraient la ruelle.

CHAPITRE V

Il faisait chaud. Frost sentit une goutte de sueur rouler entre ses omoplates. La puanteur de crésyl et d'urine prit soudain une ampleur démesurée. Les skinheads chargèrent. Bras et jambes écartés, le Mercenaire savait qu'il s'exposait mais il faisait de son mieux pour leur barrer le passage.

Dès la première attaque, il sut sans l'ombre d'un doute qu'il se battait pour sauver sa peau. Ces deux types n'étaient pas des amateurs échappés d'un bal costumé, c'étaient des vrais skinheads : des professionnels du baston et du meurtre express sans signature, dans les rues sordides et les stades d'Europe.

Même aux States, on commençait à connaître l'internationale skin, ce cancer qui essaimait partout sur le Vieux Continent.

Les deux attaquants étaient parfaitement coordonnés. La lame de Stonba partit comme un éclair vers l'œil unique du Mercenaire, l'obligeant à se baisser pour esquiver. A peine eut-il esquissé son geste qu'il vit la semelle de

Jumbo arriver à toute allure sur son visage. Comme dans un plan au ralenti, il put apprécier la qualité parfaite du coup. La Doc allait lui prendre le nez de bas en haut, enfoncer l'os dans son crâne, lui ravager le cerveau.

Désespérément, il se jeta en arrière, perdant l'équilibre, roulant sur le dos.

Les deux skins plongèrent, lame en avant. Lançant les deux pieds, Frost tenta un coup aux testicules. S'il réussissait à leur couper le souffle pendant quelques secondes, il pourrait peut-être se relever de cette sale posture et se remettre en garde. Un couinement suraigu et le bruit du couteau qui tombait sur le pavé lui apprit qu'il avait visé juste pour l'un d'entre eux, en l'occurrence Jumbo. Mais Stonba fut assez rapide pour éviter la semelle du Mercenaire, et le pied de Frost ne rencontra que sa hanche. Lame en avant, Stonba se laissa tomber sur lui.

En une fraction de seconde, l'homme au bandeau noir roula vers la gauche. Dans le même mouvement, il effectua un vaste arc de cercle de son bras droit, prolongé par l'Opinel, frappant à l'aveuglette. Tout était bon pour tenter de bloquer ces dingues.

Un rugissement atroce lui déchira les tympans en même temps qu'il recevait une giclée de sang en plein visage. Il avait touché quelque chose. Quoi, il l'ignorait. Pas le temps de voir. D'un formidable coup de reins, il se remit debout pour faire face à la prochaine attaque et, soudain, il entendit derrière lui la voix de Saskia van Izendorn :

— A plat ventre, Hank ! Baisse-toi !

Alors, ahuri, il vit les deux skins regarder derrière son dos et déguerpir sans demander leur reste.

Il comprit en se retournant. Saskia, au lieu de se réfugier dans l'église était allée quérir la force publique. Elle avait pêché un jeune flic blond aux cheveux incroyablement longs et au visage écarlate, ruisselant de sueur. Essoufflé, il s'arrêta près du Mercenaire, brandissant un pistolet Herstall de 9 mm. C'est la vue de l'arme qui avait mis les skinheads en fuite. D'une voix nerveuse, saccadée, le policier aboya quelque chose à l'intention de Frost.

Il avait une vingtaine d'années au plus. Visiblement peu expérimenté, il était très nerveux, beaucoup trop pour le goût du Mercenaire qui n'avait pas compris un traître mot de sa sommation. Le genre de flic à vous faire une bavure comme de rien, par trouille, juste parce que son index tremble un peu trop. Frost n'avait aucune vocation particulière pour jouer les bavures policières. C'était contraire à son image de marque. Mais soudain, il remarqua un détail, comprit qu'il n'était pas en danger et explosa de rire au moment où Saskia les rejoignait en criant :

— Il te dit de jeter ton couteau.

Le Mercenaire obéit sagement. Le jeune flic eut l'air d'un coup beaucoup moins nerveux. Mais il continuait à aboyer flamand aux oreilles de Frost qui n'y comprenait rien, et qui était toujours plié de rire. Saskia échangea quelques propos avec le blondinet puis lui montra une carte de police, ce qui acheva de le rassurer. Puis elle demanda à Frost ce qui le faisait rire comme ça. Ses cheveux dégoulinant du sang du skin blessé ou la frayeur rétrospective d'avoir échappé à la mort de justesse ?

— Rien de tout ça, répondit l'Américain. Il faudrait simplement expliquer à ton jeune collègue que s'il veut avoir l'air crédible en pointant son Herstall sur les gens, il doit à tout prix penser à débloquer le cran de sûreté...

Saskia éclata de rire elle aussi.

Le flic hollandais rengaina son pistolet, l'air mortifié.

— Merci, dit le Mercenaire. Ça a quand même été efficace. Sans votre arrivée, j'avais toutes les chances de me faire étriper par ces dingues. Ils sont sacrément entraînés.

— Les sbires de Ko Tching Yuan, expliqua Saskia. Ce sont ces types que la 14 K recrute dans les bars à mercenaires de Bruxelles et de Marseille.

L'homme au bandeau noir avait oublié ce détail que lui avait pourtant révélé Joop Bordewijk. Elle expliquait un peu mieux la compétence des deux frappes. Inutile de les poursuivre, bien évidemment. Ils devaient déjà être à des kilomètres.

— Dis donc, observa Frost, la stratégie de la chèvre a l'air de porter ses fruits.

— D'un genre un peu spécial, tu avoueras, lui fit observer Saskia van Izendorn. Ça ne me déplairait pas de contrôler un peu plus finement le processus.

— Attends l'arrivée de Gordon McGowry, dit le Mercenaire. Avec lui en plus...

Il n'acheva pas sa phrase. Qui en disait assez long. Et, soudain la Hollandaise s'exclama :

— Oh, mon Dieu !

Le jeune flic embraya derrière elle sous la forme d'un *Godverdom* tonitruant. Frost suivit leur regard. Des flaques de sang rougissaient le pavé d'Oudekennisteeg. Et, juste au débouché de la ruelle sur la berge du canal, devant la vitrine d'une prostituée fermée par un rideau — et lanterne allumée, ce qui indiquait que la dame officiait —, il vit un petit doigt humain.

Il n'en revenait pas. Son coup d'Opinel lancé à l'aveuglette avait sectionné le petit doigt d'un des skinheads. Ça n'allait certainement pas mettre ces messieurs de bonne humeur. Il avait dans l'idée que la riposte allait être violente.

— Dommage qu'il n'y ait que des canards dans les canaux d'Amsterdam, remarqua-t-il.

— Pardon ? fit Saskia.

— S'il y avait eu des piranhas, on aurait eu ce petit en-cas à leur offrir, dit Frost, en réalisant en même temps qu'il parlait que sa plaisanterie était vraiment macabre.

Effectivement cela ne fit pas rire du tout

Saskia et elle ne jugea pas utile de traduire pour le jeune flic.

— Dis à ton collègue d'appeler du renfort et de barrer le passage. Je vais contacter Mike à La Haye.

Cette fois, la Hollandaise traduisit. Le policier hésita une courte seconde à laisser Frost s'en aller. Mais Saskia sut se montrer convaincante. Et, apparemment, le blondinet n'avait pas envie de se ridiculiser à nouveau en dégainant son Herstall. A toute allure, le Mercenaire décolla en direction de Beursplein, où il avait repéré tout à l'heure une cabine téléphonique verte, près de la station de taxis.

*
**

Saskia tressaillit malgré elle en voyant apparaître Gordon McGowry.

Le Mercenaire fit les présentations et le gorille serra la main de la Hollandaise, en lui écrabouillant les phalanges. Au coup de fil de Frost, tout le monde était arrivé en catastrophe de La Haye, y compris Michael O'Hara et Joop Bordewijk. Outre Gordon McGowry — GMG pour les intimes —, les deux hommes avaient amené avec eux un certain Tim Carter, du laboratoire volant du GAL, et son homologue au sein du BVD, un Hollandais du nom de Frans Jordaens. Le reste des hommes présents sur place étaient des policiers chargés de boucler les lieux où s'était déroulée la bagarre entre Frost et les deux skins. Les techniciens, gants de caoutchouc aux mains, jouaient du sac plastique pour prélever des échantillons un peu partout, sang, poussière, couteaux et, bien sûr, le petit doigt. Ils grattaient tout ce qu'ils trouvaient sur ce qu'ils appelaient joliment « le site ».

— Regarde ça, dit Frost à Saskia. Si ça continue, ils vont nous demander de faire pipi dans un flacon.

Malgré la situation, la grande femme blonde aux yeux noisette laissa échapper un petit rire amusé. Frost avait, par la même occasion, reçu ses armes convoyées par GMG. Un couteau Gerber MK-I, son préféré, à manche noirci par anodisation, et un pistolet allemand Hechler & Koch PSP de 9 Para. L'arme double action à pédale d'armement était un vrai bijou. Frost regrettait à peine son vieux Browning High Power. Mais, comme il n'avait pas emporté de veste, il était un peu mal à l'aise d'exhiber par-dessus son tee-shirt ensanglanté un holster de cuir jaune flambant neuf garni du PSP tout aussi neuf.

Mais, le plus mal à l'aise de tous était indiscutablement le client de la prostituée du coin qui, en ressortant de chez sa madone à cent florins, s'était retrouvé coincé entre les deux barrières qui fermaient Oudekennisteeg. Depuis maintenant plus d'une demi-heure, il essayait d'expliquer aux flics que sa femme l'attendait, qu'elle était très pointilleuse sur les horaires et que s'ils continuaient à l'empêcher de partir, ils auraient un divorce de plus sur la conscience.

Naturellement, c'était Saskia qui traduisait tout ça pour le plus grand plaisir du Mercenaire. Elle avait reçu comme arme un revolver Röhm RG 57 de 357 Magnum. Les policiers finirent par relâcher le client de la belle de jour mais la dame elle-même fut invitée à rentrer dans sa vitrine et à n'en point sortir jusqu'à nouvel ordre.

— Peut-être a-t-elle vu quelque chose, comprenez-vous, dit Bordewijk à l'oreille de Frost.

Tu parles... S'ils avaient vu quelque chose avec ce qu'ils étaient en train de faire, son client et elle, jamais le bonhomme ne serait sorti la gueule enfarinée pour se jeter dans les bras de la police. Mais soudain, une idée frappa le Mercenaire. Le client n'avait peut-être rien vu, caché qu'il était derrière le rideau, mais la fille...

D'un pas déterminé, l'homme au bandeau noir se dirigea vers la bonbonnière qui servait de salon à la vaillante petite ouvrière.

Saskia le regarda, le sourcil grondeur.

— Marchande le tarif ! cria McGowry en se tire-bouchonnant devant tout le monde.

— Et, surtout, conseilla O'Hara, n'oublie pas le nouveau geste amoureux...

Frost sentit la moutarde lui monter au nez une courte seconde. Il s'arrêta, cherchant une réplique mordante, n'en trouva pas et décida après tout que la bave du crapaud... etc.

Courageux comme il convient de l'être en pareil cas, il poussa la porte de la belle envitrinée. Son entrée fut saluée par une bouffée de parfum à la rose qui lui tourna le cœur, puis par un petit mot de bienvenue en néerlandais, qui lui parut plutôt gentil.

C'était cosy. Tout bien installé avec lit — à deux places naturellement —, lavabo, bidet. La dame paraissait sympa, bonne travailleuse, mais peu causante. Contrairement à la plupart des Amstellodamois, elle ne connaissait pratiquement pas un mot d'anglais. Sans doute n'avait-elle guère eu le loisir de s'inscrire aux cours du soir ! Lorsqu'elle se leva pour tirer le rideau qui les séparait de la rue, le Mercenaire lui fit signe que c'était inutile. L'air presque déçu, elle se laissa retomber sur le lit et leva le nez, une expression interrogative au fond de ses yeux pastel. Elle était plutôt petite pour une Batave, avec de beaux cheveux blond cendré. Ses seins, presque aussi importants que ceux de Saskia, étaient comprimés par une espèce de bustier de velours noir qui leur donnait un aspect de montgolfières.

— *Wass do jou vant ?* (1) parvint-elle à articuler avec un sourire incroyablement rouge-à-lèvrerisé.

Frost dégaina la photo de Dorothy Skelding fournie par Julie Jefferson et demanda, dans la

(1) On pourrait traduire cet anglais très approximatif par : qu'est-ce que vous voulez ?

même langue, mais avec un bien meilleur accent :

— *Did you ever see this girl around here* (1) ?

La fille se pencha en avant pour observer Saskia dans la rue. Puis elle regarda la photo plus attentivement. Bonne physionomiste, nota l'homme au bandeau. Elle avait hésité mais ne s'était pas laissé prendre par la ressemblance. Elle leva les yeux vers lui, hochant la tête.

— *There, with black dealer* (2), dit-elle en tendant le doigt vers la rive de l'Oudezijds Voorburgwal. *Black dealer, you understand* (2) ?

D'un hochement de tête, le Mercenaire fit comprendre que oui, il comprenait et ressortit dans la rue.

— La respectueuse a vu Dorothy Skelding par ici avec un dealer noir, dit-il à O'Hara. Pour moi, il y a toutes les chances que ce soit le Surinamien dont je t'ai parlé et qui s'est tiré quand les skins sont passés à l'attaque.

— Il faut retrouver ce type, décida l'homme du GAL.

— Et les autres aussi, de préférence, ajouta Saskia van Izendorn.

Elle n'oubliait pas que c'était à sa peau qu'on en voulait.

A l'autre bout de la ruelle, Tim Carter et Frans Jordaens s'étaient isolés et échangeaient

(1) Avez-vous déjà vu cette fille par ici ?
(2) Là, avec dealer noir. Dealer noir, vous comprenez ?

leurs impressions sur l'affaire dans un néerlanglais néo-classique très pur.

— Regarde-les, grommela McGowry. Ils ont déjà des idées sur les types qui t'ont sauté sur le poil. Dans cinq minutes, ils vont nous donner leur nom, leur âge, leur adresse, qualité, situation de famille. Tu veux savoir si ton agresseur a une verrue plantaire ? Demande à Tim Carter. Tu veux savoir s'il a des problèmes de vésicule biliaire ? Là, c'est Frans Jordaens qu'il faut interroger...

Frost comprenait cette espèce d'admiration agacée pour les techniciens. Lui-même restait toujours estomaqué par ce qu'arrivaient à découvrir ces Sherlock Holmes des temps modernes, beaucoup mieux équipés et fichtrement plus efficaces que leur glorieux ancêtre, même s'ils procédaient de façon moins spectaculaire.

— A propos de découvertes, intervint O'Hara, Joop Bordewijk a eu les résultats des analyses pratiquées sur le corps de Dorothy Skelding.

— Alors ? demanda Frost.

— Il y avait du sperme appartenant à trois hommes différents et du sang appartenant à l'un de ces trois hommes. Par recoupement on a pu identifier celui dont on a retrouvé et le sang et le sperme. Il était fiché en France. Deux ans de cabane à Marseille pour viol dans des parkings souterrains. C'est un ancien légionnaire, devenu mercenaire, du nom d'André

Levert. Tu vois que tu as des collègues dans le business de la came, l'artiste.

— Fais gaffe, Mike, dit l'homme au bandeau noir.

A son ton, l'agent spécial comprit qu'il ne plaisantait pas. Hank Frost avait toujours détesté qu'on puisse le comparer à certains individus douteux qui déshonoraient le métier.

— Ça concorde avec ce qu'on pensait, reprit-il en allumant une Camel dans un état lamentable. Mais à quoi ça nous avance ?

— Pour l'instant, à rien, admit l'autre Américain. Mais c'est quand même un bon point. Ce type-là est certainement un des assassins de la fille ; c'est peut-être même un de ceux qui vous ont attaqués ici tout à l'heure. Plus on avance, plus les indices convergent vers Ko Tching Yuan et la 14 K.

— OK, dit Frost. Mais, mon cher Mike, je me permets de te rappeler qu'on est ici pour une bande de terroristes. Et ceux-là, on ne sait pas où ils sont. Il faut absolument qu'on mette la main sur quelque chose de concret si on ne veut pas se faire doubler.

En attendant, il était couvert de sang, de crasse, et commençait à avoir froid. Il demanda à Brodewijk une voiture de police pour se faire reconduire au *Rembrandt*. A cet instant du côté du Dam, un carillon égrena les notes cristallines des premières mesures de *Greensleves* puis sonna la demie de cinq heures. Frost s'était toujours demandé si ce superbe carillon était celui du Palais royal ou celui de la Niewekerk voisine.

— Déjà ? dit Saskia en consultant sa montre.

Déjà. On ne voyait pas le temps passer à se faire agresser par une bande de dingues. La Hollandaise, qui était descendue au *Krasnapolsky,* se proposa d'émigrer vers le *Rembrandt.*

— Pour la commodité de l'enquête, précisa-t-elle. On y retiendra aussi une chambre pour Gordon.

Bordewijk et O'Hara déclarèrent qu'ils n'y voyaient aucun inconvénient mais jetèrent un regard entendu sur le Mercenaire.

Sans rougir et sans se troubler, Saskia ajouta que c'était un gros sacrifice pour elle car elle adorait les jardins d'hiver du *Krasnapolsky.*

CHAPITRE VI

Frost avait chaud. Il était bien. La douche brûlante l'avait remarquablement détendu. Dans la grande salle de bains du *Rembrandt,* il s'installa devant la glace, frictionna ses cheveux trempés et se coiffa en soignant particulièrement le pli de la grande mèche brune qui retombait sur son front. A côté, il entendit Saskia rire devant la télé. Un dessin animé, apparemment. Il jeta à la poubelle son bandeau noir et ses vêtements tachés de sang, se lava les mains, mit un bandeau neuf, enfila le peignoir publicitaire fourni par l'hôtel et passa dans la pièce voisine.

A la seconde où il poussa la porte, le son de la télé s'arrêta. Il eut une courte hésitation puis regarda le lit. Non. Il n'était pas victime d'une hallucination. A la trace sur le couvre-lit et à la télécommande de la télévision abandonnée sur l'oreiller, il comprit qu'effectivement, Saskia se trouvait bien là un instant plus tôt.

Il la repéra avant de la voir, au bruit de sa respiration. Elle était cachée dans un recoin, entre la chambre et l'entrée, à droite de la porte de la salle de bains.

Un sourire plissa le visage buriné de l'homme au bandeau noir. Telle allait être prise qui croyait prendre. Ses pieds nus ne faisaient aucun bruit sur l'épaisse moquette. Il fléchit silencieusement les genoux et se détendit souplement pour bondir jusqu'à la cache de Saskia et la surprendre. Le saut parfait. Calculé au millimètre près. Il retomba juste en face de la Hollandaise. Mais la surprise fut pour lui.

Adossée au mur, elle le regardait, un petit sourire narquois sur les lèvres. Entièrement nue.

Saskia tendit la main puis, avec cette étonnante sérénité qui semblait la caractériser, défit le nœud qui maintenait la ceinture du peignoir de Frost. Sans un mot, elle plaça un ongle à la base du cou de l'Américain puis le laissa glisser vers son torse, écartant les pans du vêtement de tissu-éponge. Ce contact doux et dur sur sa peau encore amollie par la douche le fit tressaillir. Prenant tout son temps, la jeune femme poursuivit son implacable progression. Fasciné, Frost ne pouvait détacher son regard de ses seins magnifiques. Cessant de l'agacer du bout de l'ongle, elle plaqua brusquement les mains sur la poitrine du Mercenaire. Il retardait le plus longtemps possible le plaisir de la toucher. Saskia fit glisser le peignoir sur les épaules de Frost et le laissa tomber sur la moquette.

— Egalité, dit-elle doucement.

Résolument, elle s'empara du sexe déjà dressé de son partenaire et y exerça aussitôt un massage délicat et régulier, cruellement méthodique. L'homme au bandeau noir se sentait respirer par saccades.

Saskia ne regardait plus le visage de l'Américain. Elle avait baissé la tête et n'avait d'yeux que pour le travail de ses mains entre les jambes de Frost. Lorsque le désir du Mercenaire eut atteint des proportions qui lui parurent satisfaisante, elle cessa de le caresser et se laissa aller, le dos contre le mur, sans un mot.

Elle attendit. Dehors, le soleil mourant traçait des langues de feu dans le ciel du plat pays. Des coulées de lumière pourpre s'infiltraient par la fenêtre qui donnait sur la cour intérieure du *Rembrandt*, faisant naître des ombres brunes et des reflets cuivrés sur le corps superbe de Saskia van Izendorn, sur son visage si blanc, sa somptueuse poitrine, son ventre musclé, sa toison blonde, ses longues jambes solides.

Elle prit Frost par les poignets et l'attira contre elle. Il ne résista pas. Ce n'était plus possible. Leurs lèvres se rencontrèrent. La langue de Saskia s'enroula autour de la sienne. Elle glissa une main par-dessus son épaule et lui saisit les cheveux derrière la nuque, presque brutalement. Il sentit les tendres rondeurs de la Hollandaise se mouler contre lui comme pour s'y encastrer. Il commença à lui caresser doucement les épaules puis une main se glissa entre eux, s'empara de son sexe et le guida. Saskia était presque aussi grande que lui. C'est à peine s'il dut fléchir les genoux pour s'engouffrer d'un coup dans l'écrin moite et tiède qu'elle lui offrait.

Tous deux laissèrent échapper un petit râle lorsqu'il la pénétra. Frost prit les seins de Saskia, deux formidables globes ronds, tendres, blancs, et les caressa avec douceur.

Elle ferma les yeux tout en amorçant une subtile rotation des hanches et jeta la tête en arrière pour mieux exposer sa superbe poitrine aux mains du Mercenaire.

Frost sentait son souffle lui caresser le visage. Elle ne gémissait pas, ne parlait pas. Elle vibrait, harmonieuse et discrète, comme la corde d'un instrument. De plus en plus fort. De plus en plus vite. Soudain, elle l'empoigna par les reins, ferma les yeux, le plaqua contre son corps tout en accélérant sensiblement la rotation de son bassin, et il se sentit encore croître en elle.

Le souffle de Saskia devint de plus en plus fort, de plus en plus frais sur le visage brûlant du Mercenaire. C'était la seule manifestation du plaisir qu'elle éprouvait mais il la sentait totalement avec lui. Il se sentait totalement avec elle. L'harmonie. Il se haussait sur la pointe des pieds puis se laissait retomber en alternance pour mieux s'enfoncer dans le ventre de Saskia, comme s'il avait voulu s'y perdre tout entier. Baissant la tête, il saisit entre ses lèvres la douce pointe rose d'un sein blanc et la pinça doucement.

Alors, Saskia ouvrit la bouche pour laisser échapper un long soupir. Il sentit les contractions du plaisir qui secouaient son corps athlétique. Un plaisir violent, répété. Cela dura très longtemps. Les ondes qui parcouraient Saskia van Izendorn le stimulèrent et il se répandit à son tour avec un râle sauvage au plus profond de son ventre. C'était incroyable. Et Saskia n'en avait pas encore terminé. Elle lâcha soudain tout l'air qu'elle avait dans les poumons, écarta largement les bras, arracha de la bouche de Frost le sein qu'il tenait, se détendit dans un spasme d'une violence inouïe, donna brutalement de la tête dans la cloison, causant un cognement sourd dans la salle de bains.

Enfin, elle se relâcha, regarda Frost, sourit, l'embrassa en le serrant entre ses bras. Ils restèrent ainsi un long moment prenant plaisir à sentir leurs corps s'apaiser. Puis il se séparèrent, comme à regret, sur un dernier baiser.

Ils n'avaient pas besoin de parler. D'ailleurs l'éclat des yeux noisette de Saskia van Izendorn parlait de lui-même.

Elle sourit et, pour tout commentaire, porta une main à sa tête en murmurant :

— J'ai dû me faire une de ces bosses...

Le Mercenaire l'embrassa dans le cou puis ne put résister à l'envie de promener ses lèvres sur le corps épanoui de Saskia. Elle se laissa faire en poussant de petits soupirs discrets puis, tout à coup, prit le Mercenaire par la main, l'entraîna vers la chambre et se laissa tomber à la renverse sur le lit.

— Viens, souffla-t-elle en l'attirant sur elle. Viens encore...

***

Devant la réaction des skins, Gus avait foncé vers son scooter, poursuivi par Marcus Hesalaars, tremblant comme une feuille.

— Laisse-moi monter! avait supplié Marcus. Gus! Attends-moi!

Gus avait à peine hésité. Il avait laissé le débris sauter en selle et l'avait ramené vers Stationsplein.

Maintenant, le jour commençait à baisser sur le ponton de bois. Les routards n'allaient pas tarder à rentrer pour dormir. Marcus avait fait plusieurs crises d'hystérie puis s'était envoyé une charge démentielle dans le système circulatoire et avait sombré dans le sommeil. Gus avait réfléchi. Longuement. Mûrement. La conclusion était claire dans son esprit, maintenant. Tout était la faute de cette larve. Une fille était morte. Celle de la brigade des stups était toujours en vie et plus active que jamais. Lui-même, Gus, qui n'avait jusqu'à présent jamais été inquiété, était menacé de deux côtés. D'un côté, les flics des stup qui l'avaient vu et qui avaient l'air d'être sur les dents. De l'autre côté, ces espèces de skins que Ko avait embauchés parce que les Chinois étaient un peu trop voyants dans les ruelles d'Amsterdam.

Gustave Hendrijk Botha allait devoir, pour la troisième fois de sa vie, changer de créneau. C'était ce qu'il y avait de plus recommandé pour sa santé. Et, de préférence dans un autre pays. Et, toujours de préférence, vite. Seulement il y avait un tout petit problème. Gustav Hendrijk Botha claquait systématiquement tout ce qui rentrait dans sa poche. Il n'avait pas un kopeck de côté. Moralité, il lui fallait faire un gros coup, rapidement. Reprendre contact avec les skins ne lui paraissait pas la chose la plus raisonnable à faire dans l'état actuel de la situation. Mais Gus faisait partie de ces quelques privilégiés qui connaissaient l'adresse de Ko Tching Yuang dans Apollolaan. Il allait s'y rendre et négocier avec le Chinois un deal particulièrement avantageux. En se débrouillant bien on pouvait entuber les Bulgares de vingt-quatre millions de dollars. Gus se leva. Il allait se rendre immédiatement chez Ko et vendre son coup le plus cher possible.

Mais auparavant, il avait un petit compte à régler. Il fit un tour d'horizon. Pas un seul zonard sur le ponton. Les vedettes qui faisaient le service de jour étaient au port. Celles de la nuit n'avaient pas encore commencé à tourner. Il était seul avec Marcus qui ronflait comme un soufflet de forge. Il lui décocha un coup de pied dans le tibia. C'est tout juste si l'autre réagit, tant il était drogué. Un vague gémissement. Facile, s'il l'avait voulu... Mais Gus ne l'entendait pas ainsi. Il n'avait pas l'habitude de faire ses coups en douce. Cette fois, c'est dans les côtes de Junkie que s'enfonça la pointe de sa santiag.

Marcus se redressa brusquement, ouvrant des yeux hagards. Comme d'habitude.

— Aïe ! C'est toi, Gus ? Merde mais t'es dingue, ou quoi ? Laisse-moi pioncer...

En guise de réponse, le Surinamien l'attrapa par le col de sa chemise brunâtre et le souleva pratiquement de terre.

— Quèsse tu fous, Gus... ?

Cette fois, malgré la drogue, l'angoisse commençait à pointer dans la voix de Marcus Heselaars.

— Tu te rappelles, Marcus ? dit le Noir d'une voix dangereusement calme. Tu te rappelles ce que je t'ai dit quand je suis venu te trouver avec la photo ?

— Quoi ? Qu'est-ce que tu me cherches ?

— Elle était sympa avec toi, la petite Dorothy... Elle allait te chercher tes doses, Marcus. Elle te faisait tes courses... Elle te faisait même des papouilles. Une brave gosse, hein Marcus ?

— Ben ouais, et alors ?

Le souvenir d'une chevelure blonde émergeant par un hublot traversa l'esprit du Surinamien. Puis un corps très blanc, nu, enroulé dans des chaînes. Puis un ballot de fripes lacérées. Puis une gerbe d'écume bleutée sous la lueur pâle de la lune.

— Et alors, elle est morte ! A cause de toi, pauvre larve !

Gus se rappela le court trajet sur son scooter. La manière dont Dorothy s'était serrée contre lui. S'il avait su... Une boule corrosive lui descendait au fond de l'estomac, irradiant des millions de petits dards brûlants.

— Marcus, je t'avais dit que si ça n'était pas elle, tu me le paierais très cher. Ce n'était pas elle.

— Non, Gus, non, qu'est-ce que tu vas faire ?

Gus croyait encore l'entendre : « Mourir de ça ou d'autre chose... » Mais au moment où le spectre se matérialisait, il chiait dans son froc.

Il traîna la loque humaine jusqu'au bout du ponton. Nouveau tour d'horizon. Personne nulle part. Et le crépuscule complice était avec lui.

— Non, Gus, non, ne fais pas...

La supplique de l'*homo planens* s'acheva dans un gargouillement immonde quand, l'empoignant par sa tignasse hirsute, Gus lui plongea le visage dans l'eau crasseuse de l'Openhaven.

— Bois, Marcus. Bois à ma santé...

L'autre était tellement camé qu'il eut à peine la force de se débattre. Il agita les bras, griffant lamentablement le bois du ponton, donna quelques ruades. Pas un instant, il n'inquiéta Gus Botha. Le Noir attendit. Longtemps. Patiemment. Sans état d'âme. Autour de la tête de Marcus, l'eau verte bouillonnait comme une soupe de pois oubliée sur le feu. Enfin, Gus sentit le spasme de la mort secouer

Marcus Heselaars. Alors seulement, il le lâcha. La tête du junkie retomba dans l'eau sale du bassin et se mit à flotter mollement. Du bout de sa santiag, Gus poussa le cadavre inerte l'envoyant voguer à la dérive comme Stonba et Jumbo avaient poussé Dorothy dans l'Amstel par le hublot de la péniche.

***

Malgré le sorbothane qui amortissait les chocs, Sean Doherty avait l'impression d'être réincarné en pois sauteur, un pois sauteur transporté par un enfant dans une boîte en fer-blanc enfouie au fond de sa poche. Le plus dur, finalement, n'était pas le brimbalement du camion Hanomag de la Komet Spedition, c'était le noir. Doherty supportait mal d'être secoué sans avoir aucun point de repère pour anticiper. Il pressa un bouton de sa Seiko, actionnant l'éclairage intermittent du cadran à affichage numérique. Un peu plus de neuf heures du soir. Seulement... Il avait quitté Brême à sept heures et s'était enfermé dans le container dès sa prise en charge par le chauffeur de la Komet. Ainsi en avait décidé Gricha Tardziov. L'homme du DS bulgare préférait qu'il passe la frontière germano-néerlandaise en fraude. Il avait certainement ses raisons. Et Doherty était un garçon rigoureux qui respectait les consignes. C'est ce qui avait fait de lui l'un des hommes de confiance de Tardziov.

C'est également grâce à ça qu'il était encore en vie.

Mais Sean Doherty avait rarement éprouvé pareil malaise. Quelle pouvait être la moyenne d'un camion comme celui-ci ? Il l'ignorait. Probablement guère plus de quarante ou cinquante à l'heure. Il n'était pas encore à la moitié du trajet. Ils n'arriveraient à Amsterdam qu'au milieu de la nuit. Ensuite, le temps de prendre contact...

Soudain, une angoisse terrible saisit Sean Doherty. Et si on était en train de le vendre ? Après tout, il n'avait aucun moyen de contrôler l'itinéraire. A chaque arrêt, le chauffeur descendait, allait à l'arrière et criait le nom de l'endroit pour se faire entendre de Sean Doherty. Mais, en fait, il pouvait tout aussi bien crier n'importe quoi. Enfermé dans son container, le terroriste n'avait pas la possibilité de vérifier quoi que ce soit.

Dans un coin de sa tête, le jeune Irlandais se disait que c'était ridicule, qu'il était en train de fantasmer. Quel intérêt les Bulgares auraient-ils eu à le donner ? Et, surtout, à donner en même temps que lui vingt-cinq millions de dollars d'héroïne et un flacon de Soman d'une valeur inestimable, sans parler du Skorpian. Mais, dans un autre coin de sa tête, le doute s'était stupidement insinué. Facide de se mettre à fantasmer quand on était seul enfermé dans une boîte, sans aucun contact avec l'extérieur. Mais, après tout, si par hasard on l'avait doublé, Sean Doherty avait les moyens de vendre chèrement sa peau. Le Soman qu'il avait dans le flacon était capable de tuer plusieurs centaines de personnes, peut-être plusieurs milliers. Quelques gouttes de plus ou de moins ne feraient aucune différence. Sean allait en prélever un peu pour son compte personnel. Tardziov lui avait fourni le matériel pour ça. Comme ça, il aurait de quoi jouer un sale tour à quiconque lui chercherait des noises. Le plus difficile, bien évidemment, serait de prélever le Soman dans l'obscurité du container sans faire de fausse manœuvre. Mais Sean était confiant. Etant donné le nombre d'exercices qu'il avait faits à Sofia dans les locaux de la Kintex, il se sentait capable d'effectuer la manipulation les yeux fermés. Les yeux fermés, c'était le cas de le dire.

***

Assis sur son tabouret, les mains croisées sur un début de brioche, les genoux serrés comme une collégienne, Ko Tching Yuan ressemblait plus que jamais à un batracien. Comme toujours, l'homme qui présidait aux destinées de la 14 K pour l'Europe occidentale affichait une impassibilité lao-tseuïenne. Face à la péniche, sur le quai bordant l'Amstel, il y avait de quoi faire une photographie étonnante. Côte à côte, à quelques mètres d'un vieux pont basculant de bois peint en blanc, une Rolls Corniche crème et un scooter rouge couvert de décalcomanies hallucinantes étincelaient sous le halo bleu d'un réverbère. Cocasserie du contraste entre les deux véhicules qui avaient ramené d'Apollolaan Ko Tching Yuan et Gus Botha. Un peu plus loin, c'était le virage du Singel et ses enfilades de ponts de pierre décorés de girandoles orange dont la lumière se reflétait dans l'eau noire du canal.

Qui aurait pu croire que le petit Asiatique attendant son patron au volant de la Rolls à l'arrêt était un tueur sans état d'âme prêt à liquider n'importe qui sur un claquement de doigts ? Qui aurait dit qu'à portée de sa main, dans la boîte à gants de la luxueuse voiture, il y avait un Smith & Wesson Bodyguard de 38 spécial et deux grenades quadrillées à fragmentation ?

A quelques pas de là, dans la cale de la péniche, domaine des skinheads, Gustav Hendrijk Botha buvait du petit lait. Il était en train de prendre une revanche de toute beauté sur les deux brutes qui s'amusaient encore quelques heures plus tôt à le terroriser.

— Ainsi, disait Ko de sa petite voix nasillarde, cette jeune fille que vous avez tuée n'était pas l'agent de la GRC...

— C'est la faute au keubla, grogna Stonba. C'est lui qui nous l'a amenée en disant que c'était la bonne.

— La faute à Marcus Heselaars, rectifia Gus. C'est de lui que vient l'erreur. Mais des erreurs, il n'en commettra plus. A l'heure qu'il est, il doit être en train de voguer doucement vers la mer du Nord, son dernier terrain vague...

Le Chinois qui avait des lunettes esquissa un sourire.

— Et cet homme moustachu au bandeau noir ? demanda-t-il. Vous avez une idée de qui ça peut être ?

Très ironique, il fixait le gros bandage à la main droite de Stonba. Prudents, les skinheads s'étaient adossés à la cloison près de leur râtelier d'armes. A la moindre alerte, ils étaient prêts à empoigner leurs FN-FAL et à nettoyer la cale d'une longue rafale meurtrière. Mais, en fait, ni Ko ni Gus n'avaient, dans l'instant, de mauvaises intentions à leur égard. Ko savait qu'il aurait encore besoin d'eux. Quant au Surinamien, il était trop heureux de savourer sa victoire pour songer un instant à supprimer ceux qui en faisaient les frais.

Et dans la Rolls, le chauffeur veillait. S'ils avaient le malheur de tirer un coup de feu sur son patron, ni Jumbo ni Stonba ne quitteraient la péniche vivants.

Bref, on avait dans cette péniche une sorte de modèle de l'équilibre Est-Ouest sous forme de microcosme. Il ne restait plus qu'à inventer la détente.

— Vous croyez que c'est un flic ? demanda Gus.

Stonba secoua la tête.

— Il n'a pas la gueule de l'emploi. En tout cas, un truc est certain, c'est qu'il est dangereux et qu'il roule pour la pétasse blonde. Tout seul avec nous deux sur le poil, il n'aurait pas dû s'en sortir, normalement...

Botha ne put s'empêcher de lâcher un ricanement.

— N'empêche qu'il s'en est tiré et que ton doigt y est resté.

Stonba se ramassa sur lui-même prêt à bondir pour étriper le Black.

— Du calme, lui intima Ko. Comme vous le dites, cet homme est dangereux. Il faut l'éliminer. A moins qu'il ne s'élimine de lui-même en repartant d'où il vient avec cette fille. Car une chose est désormais certaine : ils savent qu'elle est grillée et que, par conséquent, elle ne risque plus d'infiltrer quoi que ce soit.

— J'en conclus que vous avez l'intention de continuer l'opération jusqu'au bout avec les Irlandais.

— Naturellement, répondit le Chinois en consultant sa Bulova « customisée ». A l'heure qu'il est, notre ami Doherty doit être en route pour nous rejoindre. Il n'est donc pas question d'arrêter quoi que ce soit. Par contre, je compte sur votre discrétion la plus totale. Vous ne dites rien de nos mésaventures aux Irlandais. Il faut à tout prix les mettre en confiance. D'autant que Gus, ici présent, m'a soumis un projet tout à fait intéressant pour tirer de ce deal un bénéfice insoupçonné.

Le chef de la triade 14 K marqua un long silence, puis commença à exposer l'idée de

Gus. Les skinheads écoutèrent, médusés, le plan conçu par le keubla.

— Et voilà, conclut le Chinois. Simple. Il suffit de trouver les fournisseurs. Et très vite. Mais Gus me dit qu'il a dans sa clientèle des gens capables de faire le travail.

— Absolument, affirma le Noir.

— Quant à nos terroristes, enchaîna le Chinois, je pense que ce sont les clients rêvés pour ce genre d'opération. Ils n'y verront que du feu. Tout ce qui les intéresse, c'est de commettre leur attentat. La marchandise est une chose accessoire pour eux. Ce n'est qu'un moyen.

— Et les Bulgares ? risqua Stonba. Vous ne pensez pas qu'ils vont réagir ? Vous n'avez aucune crainte de ce côté ?

— Aucune, dit Ko. Si nous étions des dissidents, le risque serait énorme. Ils les poursuivent partout, jusqu'à l'autre bout de la terre. Mais, dans le cas qui nous intéresse, il s'agit d'une opération terroriste. Dans ce genre d'affaires, la stratégie des pays de l'Est et notamment des Bulgares, les spécialistes en la matière, est très différente. Ils tirent les ficelles à distance mais restent toujours dans l'ombre. Pas question pour eux de prendre le moindre risque d'implication officielle dans l'opération Soman. Vous pensez bien qu'ils ne veulent pas recommencer à se faire une publicité aussi catastrophique que celle qu'ils ont eue après l'attentat contre le pape.

Les deux skins hochèrent la tête. Gus n'était

plus un petit dealer de quartier, un sous-fifre, un keubla haï pour la seule couleur de sa peau. Il était soudain devenu un artiste reconnu. Il exultait.

CHAPITRE VII

Saskia van Izendorn portait une robe de toile bleu pâle à bretelles et à décolleté carré. Toute simple. Aucune fanfreluche, à l'exception de pendants d'oreilles en argent incrustés de petits éclats de diamant. Tout de même, on était à Amsterdam, la ville du diamant. Les regards qui se tournaient vers elle tandis qu'ils pénétraient dans le restaurant indonésien *Selecta* proche de leur hôtel permettaient de mesurer l'ampleur de son rayonnement. Séduction, sensualité naturelles. Elle aurait fait plier le genou à Gorbatchev devant une statue de la Vierge, fait porter des shorts à Ronald Reagan et manger du cochon à Khomeiny. McGowry laissa Frost passer devant avec la serveuse en sarong qui les pilotait vers leur table, pour faire mine d'être celui qui accompagnait la dame de tous les regards.

Le *Selecta* était un endroit étonnant qui, par sa taille, aurait pu avoir des allures de cantine. Mais il évitait ce piège grâce à une architecture intérieure très sophistiquée : plusieurs niveaux, disposés autour d'un immense bar ovoïde et savamment agencés pour créer l'intimité, communiquaient entre eux par des marches couvertes de velours bleu roi.

La jeune femme en sarong se cassa en deux, les invitant à prendre place. Ils commandèrent l'apéritif et se penchèrent sur la carte. Frost alluma une Camel, souffla la fumée vers le plafond et se courba sur la table pour se rapprocher de Saskia.

— Je te raccompagnerai au *Rembrandt* après le dîner. Tu es trop repérée, maintenant. Après le coup que j'ai fait au skinhead cet après-midi, ils doivent être échaudés. Mais je dois à tout prix retrouver ce dealer noir. C'est vers lui que le type du ponton se dirigeait. Je suis persuadé qu'il joue un rôle d'intermédiaire important avec la triade, et qu'il a quelque chose à voir dans le meurtre de Dorothy Skelding.

— Je comprends, dit Saskia. Tu as l'intention d'aller faire le quartier rouge avec Gordon et d'envoyer bobonne au lit pendant ce temps-là...

Elle rit.

— Tu as raison, ajouta-t-elle, redevenant sérieuse. Ma présence vous gênerait ce soir. Mais ne compte pas m'éliminer aussi facilement à chaque fois. D'ailleurs c'est bien parce que je suis fatiguée...

Elle lui décocha une œillade à assécher d'un coup l'Ijsselmeer. Gordon McGowry s'intéressa soudain à la fresque de mythologie indonésienne qui décorait le mur dans leur dos.

Frost tira une longue bouffée sur sa cigarette et souffla sa fumée par les narines, apaisé. Il avait craint beaucoup plus de difficultés pour plaquer Saskia ce soir.

On apporta l'apéritif et l'on toasta.

— Si on ne retrouve pas ce Noir, dit McGowry, on pourrait peut-être aller jeter un coup d'œil sur le ponton. L'autre type doit sûrement y être.

— M'étonnerait, avança le Mercenaire. Ou alors c'est qu'il est vraiment fêlé, après ce qui s'est passé. Mais, de toute façon, je compte m'en tenir au Walletjes pour ce soir. Le type du ponton serait peut-être une bonne piste mais il faut attendre demain pour aller l'interroger. Ce soir, il est trop tard.

— Quoi ! s'insurgea le gorille, l'air outré. Tu hésites à aller réveiller ce tocard ?

Un sourire plissa la paupière unique de l'homme au bandeau noir. Il tira sur sa cigarette, trempa sa moustache dans son Knockando puis répondit :

— Bien sûr, Gordon tu me connais... Je n'aime pas m'imposer...

Saskia dégustait son vermouth sans mot dire.

— Nom de Dieu ! aboya McGowry en abattant sur la table une main large comme une entrecôte pour deux. Si tu as peur de t'imposer, je vais y aller, moi. Si ça se trouve, ce gusse est responsable de la mort de la petite Anglaise !

Frost connaissait son homme et savait que GMG était un partisan convaincu de l'interrogatoire musclé. S'il avait existé des championnats dans cette discipline, nul doute que Gordon eût décroché la médaille d'or.

— Ce n'est pas ce que je veux dire, Gordon, fit-il enfin d'un ton apaisant. Le type n'est pas seul à cette heure-ci sur le ponton. Touche un seul cheveu de sa tignasse et tu te retrouves avec quarante ou cinquante junkies enragés sur le paletot. Ce serait quand même assez regrettable d'être contraint de faire un carton dans le tas.

McGowry abdiqua d'un hochement de tête soumis. Mais le Mercenaire savait bien que l'idée de faire un carton sur la population nocturne du ponton de bois ne lui aurait pas complètement déplu.

Il consulta sa Rolex.

— Saskia, je te laisse commander. Je vais appeler Mike à La Haye comme convenu.

Il se leva, ajoutant avant de quitter la table :

— Et ne profitez pas de mon absence.

— Pourquoi pas, après tout ? minauda Saskia.

Du coin de l'œil, le Mercenaire vit l'énorme McGowry piquer un fard qui, pendant quelques instants, fit concurrence aux lampions indonésiens. Puis McGowry cessa de l'éclairer car il fit demi-tour pour s'éloigner vers le téléphone.

*
**

Le scooter rouge remontait Kloveniersburgwal en pétaradant. Grisé par sa victoire sur les skinheads, Gus zigzaguait allégrement en chantant à tue-tête parmi la foule qui se pressait aux devantures des boîtes cochonnes. Quel plaisir de sentir sur son visage l'air frais de la nuit qui montait du canal !

Le Surinamien arrêta sa machine devant le *Toruko* et la fixa à l'aide d'une solide chaîne à un arbre planté en bordure du canal. Mieux valait garantir les deux roues contre les amateurs qui pullulaient dans ce quartier.

Gus entra dans le *Toruko,* le hammam — salon de massage, qui était l'activité de façade de Ko Tching Yuan. Au guichet, une grosse dame lui fit payer d'autorité dix florins le droit à une serviette et à la clef d'un vestiaire. Puis le Noir s'enfonça dans les entrailles de l'établissement où planait un brouillard chaud. Impossible d'y couper : il entra dans une cabine, se déshabilla et se noua la serviette autour de la taille. Il sortit ensuite pour pénétrer dans le bain de vapeur. Des nuages opaques emplissaient l'atmosphère de l'étuve. Des gouttes de transpiration se mirent à perler sur la puissante poitrine du Surinamien. La sueur ruisselait de son front et lui brouillait la vue.

Il s'essuya le visage d'un revers de main et attendit que ses yeux s'accoutument à l'atmosphère opaque. Il lui fallut quelques dizaines de secondes d'adaptation. Ensuite, Gustav Hendrijk Botha traversa le hammam carrelé de bleu jusqu'au mur du fond dont une partie était constituée par une paroi de verre permettant de voir l'intérieur d'une piscine de 120 000 litres, éclairée par des projecteurs placés au fond de l'eau sous des briques de verre, ce qui permettait aux clients agglutinés contre la paroi transparente d'observer les évolutions aquatiques d'aguichantes créatures en monokini, pour la plupart indonésiennes ou noires surinamiennes. Les filles portaient des bracelets de couleur aux chevilles, ce qui permettait aux messieurs intéressés de faire leur choix, d'aller indiquer la couleur de l'élue au service et de prendre un ticket pour s'isoler avec elle dans un salon de massage très spécial.

Gus passa sans même regarder les naïades qui approchaient de la paroi de verre en se propulsant à l'aide de petits battements de pieds, souriaient de toutes leurs dents pour aguicher le client potentiel puis remontaient en frôlant la paroi pour bien exhiber leurs anatomies entourées de milliers de bulles scintillantes. Un peu plus loin sur la gauche, le Noir emprunta un escalier métallique et grimpa jusqu'à un passage carrelé qui longeait le haut de la piscine. Sur la droite, s'alignaient les portes des « salons de massage ». S'agrippant à une échelle de tube, une fille blonde émergea de la piscine à cet instant. C'était l'un des rares Blanches travaillant au *Toruko*. Elle s'ébroua, rejetant dans son dos ses cheveux mouillés. Elle avait des seins à faire pâlir de jalousie la meilleure laitière du concours agricole de Rotterdam et portait un minuscule cache-sexe qui en raison de la couleur de sa peau et du fait qu'il était mouillé, ne cachait absolument plus rien. A la cheville, elle avait un bracelet rose. Elle attendit Gus, souriante, lèvres entrouvertes laissant passer un petit bout de langue.

— Salut, mon minou. T'as ton ticket rose ? Alors comme ça, on aime les belles blondes, mon cochon ? Allez, viens, je vais te faire de l'électricité partout.

Sidéré, Gus regarda derrière lui.

— Le voilà, ton client, dit-il.

Un grand type osseux, émacié, avec des yeux cernés arrivait en haut de l'escalier en brandissant un ticket rose.

— Dommage, dit la fille en regardant Gus.

Elle s'éloigna avec son client.

— Harrijur, t'es là ? cria le Surinamien.

Pas de réponse.

— Wibo Harrijur ! aboya Gus Réponds ! Je sais que tu es là !

— Qu'est-ce que c'est ? fit une voix derrière une porte.

— C'est Gus. Je veux te voir.

Derrière une autre porte, une voix féminine protesta :

— C'est fini, ce merdier ? On peut plus bosser tranquille !

— Arrête de causer la bouche pleine, ricana le Surinamien.

— *Kuttekop !* (1) cracha la fille.

Gus éclata de rire et ordonna :

— Harrijur, sors, il faut que je te voie immédiatement !

— J'arrive, grommela la voix du dénommé Harrijur.

Une seconde plus tard, une porte s'ouvrit. Gus entra dans le « salon ». Une Indonésienne, les cheveux mouillés, le corps huilé, entièrement nue à l'exception de son bracelet vert à la cheville, était allongée sur un matelas pneumatique orange vif qui constituait le seul mobilier du réduit avec un lavabo et une étagère de verre portant des flacons d'huiles et de produits variés.

Aussi huilé que la fille, le diamantaire Wibo Harrijur, un gros homme de cinquante ans au ventre flasque, avait le plus grand mal à dissimuler sous sa serviette éponge la preuve flagrante de ce qu'il était en train de faire quelques instants plus tôt.

— Hé ! s'exclama la fille. Je veux bien faire un massage pour deux mais faut que ton copain aille prendre un ticket vert à la caisse...

— Tais-toi, ordonna Harrijur.

Puis il s'adressa à Gus :

— Qu'est-ce qui te prend de venir me casser les pieds ici ?

— Viens dehors un instant, dit le Noir.

Ils abandonnèrent la fille pour aller discuter tranquillement au bord de la piscine.

(1) Tête de con.

Le diamantaire écouta Gus, attentif, en hochant la tête avec une conviction telle qu'on aurait pu penser que c'était une maladie. Sous sa serviette, la « chose » semblait avoir retrouvé des proportions normales. Lorsque Gus eut terminé, Harrijur dit :

— Je suis d'accord s'il y a de la came en échange. Mais pour vingt-cinq millions de dollars, je... je ne crois pas que ce sera possible en deux jours.

— Fais un effort, dit le Noir. Tu vas bien réussir à nous trouver ça. Je préfère prendre un seul fournisseur et un type en qui j'aie confiance. Mon client tient essentiellement à ce que ça se traite dans la discrétion.

Harrijur eut un haussement d'épaules qui fit trembler sa panse graisseuse.

— Arrête ça, Gus. Tu sais bien que je suis une tombe...

Le Noir laissa échapper un ricanement.

— OK, Wibo, va te terminer avec ta masseuse, dit-il en consultant sa montre. On se retrouve dans deux heures à mon point de deal habituel d'Oudekennisteeg. Ça te va ?

D'un signe de tête, le diamantaire indiqua que ça lui allait et, à petits pas pressés, regagna son salon de massage.

Wibo Harrijur était une valeur sûre. La discrétion faite homme, la précision, la régularité. On pouvait toujours compter sur le vieux célibataire. Et Gus avait toujours su où le trouver. Depuis six ans qu'il le connaissait, Harrijur venait chaque mardi et chaque vendredi se faire faire un massage au *Toruko*. Il savait aussi que Harrijur arriverait à lui trouver de la camelote pour vingt-cinq millions de dollars. Prétendre que ce n'était pas possible faisait partie du jeu. Le vieux renard devait tout simplement faire monter ses prix. Après tout, il avait raison. Et pour Gus, ça ne changeait rien. C'était Ko Tching Yuan qui finançait.

***

En rejoignant ses compagnons de table, la Camel en berne au coin de la bouche, le Mercenaire avait l'air d'avoir enterré père et mère cet après-midi.

Il s'assit, descendit d'un trait le reste de son Knockando et relata les dernières nouvelles telles qu'elles lui avaient été communiquées par Mike O'Hara. Un recoupement avait été fait grâce à la sagacité de Tim Carter et Frans Jordaens et aux ordinateurs de la police fédérale. Le petit doigt, ainsi que le sang prélevé dans Oudekennisteeg appartenaient à un homme dont on avait retrouvé de la semence lors de l'autopsie de Dorothy Skelding.

— Incroyable, ça, commenta GMG. Ils savent que c'est le même type rien qu'en analysant le... enfin le sang et puis... tout ça, quoi...

Frost réussit à sourire. Visiblement à cause de Saskia, Gordon avait du mal à s'exprimer. En d'autres temps, le Mercenaire l'avait connu plus direct. Il expliqua ce qu'il avait compris du système d'identification d'une personne par les marqueurs génétiques.

McGowry retrouva vite son franc-parler.

— Bon Dieu, grogna-t-il. Bientôt, quand tu pisseras contre un mur un soir de cuite, les flics viendront analyser ça le lendemain et t'enverront directement la contredanse à la maison.

Saskia sourit.

— Et qui c'est, ce type ? s'informa Gordon.

— Ça, ils ne le savent pas, répondit le Mercenaire. Ils ont fait des portraits-robots avec les descriptions que je leur ai données et ils recherchent.

De toute manière, il avait la nette impression que cette mobilisation de moyens scientifiques ne mènerait à rien. Le stockage des données et leur recoupement par ordinateur était remarquablement efficace dans les enquêtes de longue haleine, notamment pour piéger des criminels frappant sans régularité de comportement et dans des endroits géographiquement éloignés les uns des autres. Dans le cas qui les intéressait, il était pratiquement exclu que l'informatique et les scientifiques obtiennent des résultats assez rapides pour permettre de stopper une éventuelle action criminelle des Irlandais.

— C'est l'euphorie, commenta Gordon McGowry au moment où la serveuse en sarong arrivait avec une desserte chargée de mets indonésiens.

— L'œuf au riz? dit-elle. Non, c'est chevreau aux petits légumes avec sauce sucrée-salée.

Allumant des lampes à alcool pour garder les plats au chaud tandis que les convives commençaient à déguster les mets variés et succulents, elle désigna un bol plein d'une étrange sauce vert pâle :

— Attention. Ça, piment. Met le feu dans la bouche.

La cuisine d'Indonésie aux saveurs parfois très subtiles, parfois explosives, en tout cas toujours agréablement déroutantes, avait perdu ce soir beaucoup de son charme pour le Mercenaire. Il n'était pas loin de se laisser aller au découragement.

Gordon n'avait, heureusement, pas ce genre de problème et dévorait comme un ogre, picorant dans les plats qui continuaient à mijoter à la flamme douce des lampes à alcool, faisant coulisser le tout en s'expédiant derrière la cravate de grands verres de Margaux 76 aussi paisiblement que s'il avait sifflé du coca.

Saskia était silencieuse, comme à l'accoutumée. Frost repoussa son assiette et alluma une Camel. Elle tendit la main vers le paquet de cigarettes.

— Tu fumes?

— C'est toi qui me donnes envie, répondit-elle. D'habitude, je ne fume pas.

On aurait cru entendre Bess. C'était complet...

Il lui donna une Camel, l'alluma et porta son verre de vin à ses lèvres. Le Margaux du *Selecta* était une authentique merveille.

— Et le dealer noir ? demanda Saskia, rompant son propre silence, tandis que McGowry grattait tous les fonds de plat en lessivant une deuxième bouteille de vin.

— Celui-là, répondit Frost, il habite Amsterdam depuis vingt ans et il est fiché depuis presque aussi longtemps. Ils n'ont pas eu de mal à le retrouver à partir de ma description. C'est un Surinamien qui s'appelle Gustav Hendrijk Botha.

Il marqua un temps pour tirer sur sa Camel, puis enchaîna :

— Et le zombie du ponton aussi a été identifié. Mike venait tout juste d'avoir son identité qu'on lui annonçait par téléphone que le type a été retrouvé dans la darse (1) de l'Openhaven. Sûrement bousillé par le Noir parce qu'il avait peur que l'autre ne parle en échange d'une dose.

— Le dindon de la farce, commenta Saskia.

— Probablement dit le Mercenaire. Un certain Marcus Heselaars, 22 ans...

— Remarque, observa McGowry en se torchant la bouche d'un revers de main, il vaut mieux être le dindon de la farce que d'être au fin fond de la darse.

(1) Darse ou darce : bassin abrité dans un port.

Ni Frost ni Saskia n'avaient envie de rire. Le Mercenaire fit activer son volumineux compagnon. Il avait hâte de raccompagner Saskia au *Rembrandt* et de partir écumer Amsterdam by night pour tenter de trouver ce Gustav Hendrijk Botha.

CHAPITRE VIII

— T'as rien trouvé de plus grand pour passer inaperçu ? ricana le subtilissime Gordon McGowry.

— Au moins, je ne fais pas d'excès de vitesse, grogna le Mercenaire.

Il est vrai que la Volvo 760 GLE louée en fin d'après-midi chez Avis n'était sans doute pas la voiture la plus appropriée pour rouler de nuit dans Kloveniersburgwal. En bon Yankee amoureux des voitures grand modèle, et plus particulièrement des Ford LTD bleu nuit, l'homme au bandeau noir s'était laissé charmer par le gabarit de la voiture suédoise. Un véhicule parfait, au demeurant, mais pas pour les petites rues d'Amsterdam.

On approchait de l'heure où tout basculait. Les touristes, fatigués, regagnaient leur hôtel ou allaient finir leur nuit dans les boîtes comme-il-faut. Peu à peu, le quartier rouge s'emplissait de sa faune nocturne : dealers, clients des boîtes porno et des prostituées, camés en quête d'une dose ou d'un mauvais coup à faire, hommes de la 14 K qui supervisaient la bonne marche des affaires.

La foule était sur le trottoir, sur la chaussée, sur les bords du canal. Impossible de rouler autrement qu'au pas. En arrivant au niveau du *Toruko,* signalé par un néon rouge agressif, le Mercenaire tourna un instant la tête et observa l'entrée.

— T'as des kilos à perdre ? s'enquit GMG.

— C'est la boîte de Ko Tching Yuan, répondit laconiquement Frost.

Juste après le *Toruko,* c'était toute une rangée de bonbonnières où les dames en tenue légère attendaient le client. Ici et là, un rideau était tiré et la lanterne rouge allumée en devanture, indiquant que l'occupante des lieux était « en lecture ». Ensuite, quelques bars mal fréquentés, puis des live shows.

— T'as vu ça ? dit soudain McGowry.

Le Mercenaire tourna la tête dans la direction indiquée. Sur un grand écran vidéo, un monsieur particulièrement bien pourvu ouvrait sa braguette pour présenter à une dame entièrement nue des avantages particulièrement impressionnants. Comme n'importe qui d'autre l'eût fait en pareil cas, la dame s'empara de la chose et se mit à la téter avec gourmandise. C'est alors qu'un grand Noir bodybuildé à outrance, aussi nu que la dame, arriva derrière elle et hop, la sodomisa sans demander la permission. Nullement étonnée, la dame ne se retourna même pas et continua à travailler sur le monsieur de devant. Bref, une scène de la vie de tous les jours.

Sur le trottoir devant l'établissement, un aboyeur racolait le client, expliquant dans cinq ou six langues que les scènes reproduites sur l'écran avaient lieu en vrai sur une scène à l'intérieur et qu'on pouvait assister au spectacle pour la modique somme de... Le Mercenaire n'entendit pas le prix. Le carrefour s'étant dégagé, il engagea sa Volvo à gauche dans Oude Hoogstraat.

— Tu crois que c'est vrai ? demanda Gordon.

— Quoi ?

— Qu'ils font ça en vrai sur une scène !

— Mais non, dit le Mercenaire. C'est du play-back...

Impossible de se garer à proximité d'Oudekennisteeg. Frost avait repéré que le parking le plus proche se trouvait derrière Warmoesstraat, en bordure du Damrak. Il y conduisit sa grosse Volvo et, flanqué de McGowry, revint à pied vers le point de deal de Gustav Botha.

Pas de Surinamien en vue. C'eût été trop beau. Au coin de la ruelle, la prostituée aux yeux pastel avait tiré son rideau et allumé sa lanterne. Il fallait attendre. Et, d'ailleurs, était-ce toujours la même à cette heure-ci ? Oui, c'était elle. Décidément, une sacrée bonne travailleuse. Son mac devait être content d'elle. Le rideau s'ouvrit au moment même où le client sortait. Elle fit un petit signe amical à Frost, ce qui lui valut le regard réprobateur d'un couple de retraités dont on se demandait ce qu'ils faisaient encore là à une heure pareille.

Sans hésiter, l'homme au bandeau entra, conquis, dans le coquet cocon. « Z'Yeux Pastel » lui fit un beau sourire.

— *Black dealer came tonight and then went away,* dit-elle.

Le dealer noir était venu puis reparti.

— Où ? demanda Frost.

Comment l'aurait-elle su ? Les dealers noirs du quartier ne lui faisaient pas leurs confidences.

— Quelle heure ?

Elle ne savait pas au juste. Un client s'était pointé presque en même temps que Gus, et elle avait tiré le rideau sur leur intimité. Ça devait faire presque deux heures.

Gordon McGowry était resté dans la petite rue et montait la garde devant la vitrine comme un saint-bernard devant la maison de son maître.

C'était ce qu'on appelait être Grosjean. Pas rancunier, le Mercenaire décida tout de même d'indemniser la belle pour sa collaboration. Il lui sortit un billet de cent florins.

— *You want to sleep with me ?*

Il aima beaucoup le « sleep ». Mais, non merci, charmante jeune femme, il expliqua qu'elle valait très certainement le déplacement depuis Atlanta, qu'il n'en doutait pas un instant, mais que le devoir l'appelait.

A cet instant, Gordon McGowry frappa au

carreau, faisant signe à Frost de venir le rejoindre. La mimique du colossal gorille était claire : il y avait une urgence.

D'un grand sourire navré, l'homme au bandeau noir fit comprendre à « Z'Yeux Pastel » qu'il devait la quitter.

Elle hocha la tête, vaguement confuse mais néanmoins compréhensive, et laissa tomber en désignant McGowry :

— *Oh, I see... You gay...* (1)

Frost était déjà dans la rue près de son volumineux ami.

— Regarde, dit McGowry en tendant le doigt vers le canal. Ça ne serait pas ton client ?

C'était lui, en effet, parfaitement décontracté, en train de discuter avec un gros homme d'une cinquantaine d'années sous un réverbère en bordure de l'Oude Zijds Voorburgwal. Il avait troqué son Barbour contre un perfecto tout aussi noir, décoré de clous argentés. A quelques mètres derrière lui, Frost vit son extravagant scooter rouge, amarré par une grosse chaîne à la glissière métallique scellée entre les pavés à cet endroit pour empêcher les voitures de piquer une tête dans le canal. Sur l'eau, deux bandes de canards se disputaient en caquetant pour quelques quignons de pain.

Déjà Gordon s'élançait. Frost le retint in extremis par le pan de sa veste.

— Fais pas l'imbécile, Gordon. Pas ici ! Si tu interceptes ce type en pleine lumière sur la

(1) Ah, je vois... Vous êtes homosexuel...

berge du canal, je ne donne pas cher de ta peau. Tomber sur le poil d'un dealer dans ce quartier à cette heure de la nuit, ça veut dire se retrouver avec quinze lames dans le bide avant d'avoir pu dire ouf.

— Hein ? Quoi ? grogna McGowry, pas convaincu.

— Même les flics ne se risqueraient pas à faire une interpellation ici en pleine nuit, assura le Mercenaire. Regarde-le, c'est pour ça qu'il est aussi sûr de lui. En plein jour, je suis sûr qu'il n'aurait jamais osé montrer son nez ici après ce qui s'est passé cet après-midi.

McGowry laissa échapper un grognement dans une langue qui peut-être signifiait quelque chose pour les orangs-outangs de Bornéo mais pas pour le Mercenaire.

— Qu'est-ce qu'on fait, alors ? demanda-t-il, frustré.

Frost réfléchit quelques secondes.

— Il ne t'a jamais vu. Moi, il pourrait me reconnaître à cause de ça. (Il pointa l'index sur son œil gauche couvert par le bandeau de cuir noir.) Va le trouver quand le gros type sera parti et débrouille-toi pour l'attirer par ici. On va se le faire dans l'ombre de la ruelle.

L'idée séduisait visiblement Gordon McGowry.

— Pour le questionner, précisa Frost, prudent.

***

Sean Doherty savait qu'il allait prendre un gros risque. Mais les risques ne lui avaient jamais fait peur. Même la mort ne lui faisait pas peur. Il fallait qu'il soit armé pour le cas où une mauvaise surprise l'attendrait à sa sortie du container. Et le Skorpian ne lui paraissait pas le meilleur moyen de se défendre en cas de pépin. Non que le pistolet mitrailleur ne fût pas de bonne qualité mais il était un peu bruyant et, surtout, voyant. Or le chauffeur de la Komet Spedition était censé le débarquer dans Watergraafsmeer, non loin du stade de l'Ajax d'Amsterdam, au sud-est de la ville. Se retournant difficilement dans le réduit obscur et brinquebalIant, il ouvrit la valise à soufflets que lui avait donnée Gricha Tardziov. Il fouilla à tâtons, exécutant sans l'ombre d'une hésitation les gestes qu'il avait mille fois répétés dans le sous-sol de la Kintex. Il sortit le flacon de Soman, le cala verticalement entre ses genoux et enfila des gants de plastique, eux aussi fournis par les Bulgares.

Quand on n'avait pas de masque à gaz, le seul moyen de prélever du Soman dans un flacon était d'enfoncer l'aiguille d'une seringue à travers le bouchon, prévu d'ailleurs pour être utilisé ainsi. Doherty prépara son matériel. D'un coup sec, il fit pénétrer l'aiguille dans le flacon de Soman, puis il pompa et extirpa sa seringue avec la plus grande prudence. C'était le moment dangereux. S'il commettait une fausse manœuvre maintenant et qu'une seule goutte du produit létal tombait sur lui ou sur ses vêtements, il était un homme mort.

Sans trembler, prenant grand soin de ne pas respirer, l'Irlandais nettoya l'aiguille avec la solution spéciale qu'on lui avait fournie, puis la piqua dans le bouchon de plastique de la bouteille d'eau minérale qu'on lui avait donnée pour le voyage. Quelques gouttes de Soman dans l'eau suffiraient à transformer cette innocente bouteille en un redoutable engin de mort. Plus redoutable encore en raison de son aspect inoffensif. Si quelqu'un tentait un mauvais coup contre lui, Sean lancerait la bouteille qui exploserait au sol, aspergeant plusieurs mètres à la ronde d'une pluie mortelle. Quant à la ponction sur sa réserve de Soman, elle était négligeable. Il restait dans le flacon largement de quoi réaliser son attentat.

Enfoncer l'aiguille dans le bouchon de la bouteille d'eau fut beaucoup plus difficile que dans celui du flacon de Soman. Mais Sean Doherty finit par y arriver. Il injecta le produit dans l'eau, ressortit sa seringue, nettoya son matériel et le rangea. Il pressa le bouton de sa Seiko pour éclairer le cadran de la montre. Il lui avait fallu trois minutes et demie en tout. Une belle performance dans ces conditions. Il était content de lui. Et tant pis pour son eau minérale. Il avait déjà connu bien pire que cette petite soif.

⁂

— Regarde, Gordon, dit le Mercenaire.

De l'autre côté du pont, à l'angle de Molensteeg, deux silhouettes montaient la garde, planquées dans l'ombre d'un platane. Deux silhouettes que le Mercenaire reconnut immédiatement. Les skins qui avaient essayé de lui faire la peau dans l'après-midi.

McGowry hocha la tête.

— On dirait qu'on n'est pas tout seuls à surveiller Gugusse.

Frost lui expliqua de qui il s'agissait.

— Ça confirme ce que je pensais. Ils travaillent tous les trois pour le même employeur. Et je suis pratiquement certain que cet employeur est le Chinois de Hong-Kong qui dirige la 14 K. Il a confié une mission au Noir mais, comme il ne lui fait pas complètement confiance, il le fait surveiller par les deux autres.

— Ça change un peu nos plans, si je comprends bien, dit McGowry.

Ça les changeait, en effet. Impossible dans ces conditions d'intercepter le Surinamien pour le cuisiner. Ils en étaient réduits à suivre les deux skinheads qui le prenaient eux-mêmes en filature. Peut-être pas plus mal, après tout. Si Ko Tching Yuan avait jugé bon de coller deux anges gardiens à Gus, c'est que le Noir avait quelque chose d'important à faire. Le Mercenaire était bien décidé à savoir quoi. Car, pour le moment, l'enquête piétinait, comme aurait dit une journaliste de ses connaissances. Elle piétinait même salement. L'homme au bandeau noir avait fait la connaissance du personnel de Ko Tching Yuan, certes. Mais, maintenant, il aurait bien aimé faire connaissance avec les terroristes et, surtout, apprendre où ils envisageaient de frapper. Car les objectifs étaient nombreux en Hollande. Même en se limitant à Amsterdam, on pouvait trouver une vingtaine de cibles potentielles pour un attentat. Les faire surveiller toutes était impossible.

Soudain, Frost eut une grosse inquiétude. Cet après-midi, le Noir surinamien avait filé sur un scooter. S'il rééditait la chose cette nuit, comment arriveraient-ils à le suivre ? Ce ne serait déjà pas facile avec la grosse Volvo mais à pied, inutile d'y songer...

Il lança la clef à McGowry.

— Va chercher la voiture, ordonna-t-il. Et magne-toi. Reviens ici le plus vite possible. Si tu n'arrives pas à te garer dans le coin, fais des tours de pâté de maisons entre les deux berges de l'Oude Zijds Achterburgwal. Arrange-toi pour ne pas me perdre des yeux. S'ils démarrent et que j'ai besoin que tu viennes me prendre, je te ferai signe.

— OK dit le colosse. Et s'ils se tirent pendant que je suis au parking ? Je suppose que tu vas les suivre...

Malgré ses airs bornés, le père Gordon avait d'excellentes réflexions.

— Il y a le téléphone dans la Volvo, répondit Frost. Je t'appellerai.

D'où il était, le Mercenaire ne voyait pas le scooter rouge qu'il avait repéré cet après-midi, mais mieux valait prévoir. Par ailleurs, il y avait au moins un avantage à se trouver dans ce joli quartier d'Amsterdam presque entièrement réservé au commerce de la drogue, aux spectacles pornographiques et à la prostitution. Personne ne vous prenait pour un suspect si vous vous amusiez à tourner en rond en voiture. On vous prenait simplement pour un client cherchant son dealer habituel ou la pute de ses rêves. Et il avait dans l'idée que Gordon serait contraint de tourner. De nuit comme de jour, le stationnement le long des canaux d'Amsterdam était un vrai calvaire.

Gordon McGowry détala à une vitesse phénoménale, zigzaguant dans la foule avec une aisance stupéfiante étant donné son gabarit. Il avait disparu depuis moins d'une seconde à l'angle de Lange Niezel lorsque Harrijur et Gus se séparèrent sur une cordiale poignée de main.

— Merde, murmura le Mercenaire dans sa moustache.

Le Noir franchit le pont sur le canal. Frost vit Jumbo et Stonba rentrer dans l'ombre au coin de Molensteeg. Gus passa sans les voir, tourna à droite et marcha le long du canal en direction de Bloedstraat, la rue du sang. Pourquoi ce nom ? Frost n'en savait rien. Mais il espérait que ce n'était pas de mauvais augure. Il attendit que les deux skins aient commencé leur filature puis il leur emboîta le pas. La cohue autour d'Oude Zijds Achterburgwal lui permit de passer inaperçu.

Il n'avait pas encore atteint l'autre rive du canal que, déjà, une demi-douzaine de dealers lui avaient proposé héroïne, cocaïne et opium. A cette heure de la nuit, le haschich tout bête devenait carrément marginal...

L'homme au bandeau noir jeta un coup d'œil derrière lui. Toujours pas de Gordon ni de Volvo. Il continua. Une chance, au moins, que le dealer n'ait pas pris son scooter pour venir ici. Après quelques centaines de mètres derrière les skins qui suivaient Gus, la destination de tout ce beau monde fut parfaitement limpide pour le Mercenaire. On se dirigeait vers le *Toruko*. Evidemment. Comment avait-il fait pour ne pas y penser plus tôt ? Le bordel aquatique de monsieur Ko Tching Yuan était un lieu de rendez-vous tout indiqué.

Toujours pas de McGowry. Dix minutes plus tard, Gus entrait dans le hammam, passant sous le néon rouge. Les deux skinheads traversèrent la rue et s'installèrent sur un banc protégé par un platane rachitique, en bordure du canal. L'homme au bandeau noir consulta sa montre. Onze heures dix du soir. Par miracle, de l'autre côté du canal, se trouvait une taverne qui semblait peuplée de gens « normaux ». Le Mercenaire entendait par là que l'établissement n'avait pas l'air d'être une plaque tournante du trafic de stupéfiants, ni un peep-show, ni un lupanar. Dans ce quartier, ça tombait sous le coup de la loi contre le monopole.

L'homme au bandeau noir entra. C'était intime et rustique à souhait comme toutes les vieilles tavernes amstellodamoises. Il y avait des marins, des pêcheurs et, apparemment, quelques ouvriers. Pas une femme. On buvait, on fumait et on parlait haut. Comme d'habitude, le bandeau noir fit sensation. Frost s'installa au bar couvert de cuivre rouge, mieux astiqué que les godillots du général en chef de l'armée néerlandaise, et répondit à la question incompréhensible du patron par un mot qui fait fureur dans tous les bistrots de la terre :

— Heineken.

C'était à peu près tout ce qu'il connaissait en néerlandais et il espérait avoir bien prononcé. Car, visiblement, nul ne parlait la langue de Shakespeare dans le petit bar. Ça marcha parfaitement. On lui servit une bière bien fraîche qui tombait à pic car la nuit était douce et, après le repas indonésien, son gosier était sec. Frost régla, trempa la moustache dans sa mousse et alluma une Camel. Etant donné l'atmosphère qui régnait dans les lieux, il était sûr, ici au moins, de ne pas se faire engueuler à cause de la cigarette comme dans certains coins des Etats-Unis où il était maintenant moins dangereux au regard de la loi de se shooter à l'héro que d'allumer une malheureuse cigarette. Il souffla sa fumée qui alla rejoindre un gros mouton accumulé au niveau du plafond puis demanda :

— *Telefoon.*

Ça aussi, il connaissait. Sans faire de manières, le patron lui posa l'appareil à côté de sa chope. Frost appela Gordon McGowry dans la Volvo et lui communiqua les coordonnées de la taverne. Ensuite, il composa un numéro à La Haye et demanda de parler à O'Hara.

A l'évidence, Mike n'était pas couché. Car il répondit après moins de trente secondes de recherche.

— Hank ? Du nouveau ?

Le Mercenaire eut une brève hésitation. Et si les murs avaient des oreilles... ? Mais, bien vite, il haussa les épaules sans le faire voir à l'assistance, c'est-à-dire en son for intérieur. La prudence, très bien, la parano, non. Il n'y avait vraiment aucune raison pour que ce charmant petit établissement héberge un espion. Contrairement à la réputation de froideur que l'on faisait aux gens du Nord dès qu'on passait au sud de la Meuse, les Hollandais étaient accueillants et chaleureux. Surtout en été et à cette heure-ci, quand ils avaient de la bière plein la panse. Si quelqu'un avait connu la langue de Shakespeare, ça se serait su dès la fin du coup de fil. Les tavernes hollandaises faisaient partie de ces quelques rares lieux dans le monde où, au lieu de regarder votre tête ou d'essayer de deviner le prix de votre costard, on vous abordait simplement, juste pour le plaisir de bavarder un peu.

Un homme en vareuse de grosse toile bleue

se leva et alla mettre quelques pièces dans le juke-box. La machine qui devait bien avoir une vingtaine d'années de service, émit d'abord un couinement de souffrance déchirant puis il y eut quelques arpèges de guitare et un type se mit à chanter *Mijn Vlakke Land.* Air connu, mais le Mercenaire ne l'avait jamais entendu seriner que par des minets new-yorkais qui manquaient singulièrement de punch. La musique acheva de le mettre à l'aise. Personne ne cherchait à l'espionner.

— Ouaip, fit-il, du nouveau comme tu dis. J'ai repéré mon dealer noir de cet après-midi. Il vient de rentrer au *Toruko,* suivi par les deux skinheads. J'ai dû plaquer Gordon et je l'attends d'une minute à l'autre. C'est pas du nouveau, ça ?

— Tu veux des renforts, l'artiste ? proposa O'Hara. Je te sens un peu nerveux.

— Tu parles, dit Frost. Si j'ai une urgence, j'aurai intérêt à embaucher sur place. Le temps que vous débarquiez de La Haye...

Le Mercenaire n'acheva pas sa phrase.

— Alors qu'est-ce qui me vaut l'honneur de ton coup de fil, l'artiste ? s'enquit l'homme du GAL avec une pointe d'agacement dans la voix.

Frost tourna la tête vers la salle. Les conversations tonitruantes battaient leur plein dans un néerlandais râpeux qui sentait bon le tabac au miel fumé dans les pipes d'écume et le hareng hollandais, avalé en jetant la tête en arrière, en tenant le poisson par la queue et en se l'enfilant ainsi au fond du gosier.

— Ce que je veux, c'est que tu me dises un peu si ça avance de votre côté, mon pote, grogna Frost en tirant comme un fou sur sa Camel qui prit très vite un important coup de vieux. Je ne sais pas ce qui va se passer ici mais je peux te dire qu'il va se passer quelque chose. J'aimerais simplement savoir si tes superflics scientifiques ont un peu progressé et ont une petite idée de ce qui se prépare. Parce que si ça doit péter par ici, je serai en première ligne.

— On se calme, l'artiste, on se calme..., fit O'Hara, cette fois avec de l'ironie dans le ton. T'excite pas comme ça. On dirait que tu as les foies...

— Les foies ! beugla Frost.

Le patron qui essuyait des verres en fumant un cigarillo en sursauta de stupeur, ce qui provoqua la chute de sa cendre dans le bac à vaisselle.

A La Haye, O'Hara n'insista pas. Il connaissait son homme.

— Je vais contacter Jordaens, dit-il. Mais, je pense que s'il avait du nouveau, il me l'aurait déjà fait savoir.

— Et Tim Carter ? demanda l'homme au bandeau noir en jetant son mégot sur le sol carrelé avant de s'envoyer une solide gorgée de Heineken dont sa moustache garda le souvenir sous la forme de stalactites neigeux.

— Tim ? dit O'Hara. Mais il n'est pas dans le coup. Cet après-midi, il était là pour dire bonjour en passant. Il est à Amsterdam pour un séminaire sur l'importance de la police scientifique dans la lutte contre le terrorisme. L'idée de départ était de faire ça chez nous, à Cantico. Puis le BKA a repris ça en main. Ils ont pensé qu'en Europe...

— Mike, coupa Frost. Tu n'as pas une idée de la cible que les terroristes pourraient essayer de viser en Hollande ?

Dérouté par cette brutale interruption, l'homme du GAL bredouilla :

— Euh... peut-être la Cour Internationale de Justice, ou le siège du BVD, ou encore celui de la Royal Dutch Shell mais ça je crois que ça a déjà été fait...

Frost avala une nouvelle gorgée de bière.

— Mike, reprit-il avec patience, tu pourrais repasser la bande en arrière ?

— Hein ? fit le rouquin.

— La bande, dit Frost. Repasse-la en arrière. Répète-moi ce que tu viens de me dire à propos de notre ami Tim Carter...

— Nom de Dieu ! s'exclama Michael O'Hara.

— Comme tu dis, ricana le Mercenaire. Vous êtes tous là, en train de vous chatouiller au sujet de votre police scientifique, il y a un séminaire de flics spécialisés qui va avoir lieu à Amsterdam et tu n'as même pas eu l'idée que ça pourrait être la cible des terroristes !

Le premier réflexe de O'Hara fut de trouver un autre couillon.

— Bordewijk non plus.

— Je sais. Et Carter non plus. Et Jordaens non plus. Quand tu auras fini de cafter... Où doit avoir lieu ce foutu séminaire ?

— Au Congrescentrum, dans le Niew Zuid. C'est un gigantesque truc ultra-moderne, tout près d'Europaplein.

— Je connais, dit le Mercenaire. Rien ne prouve que c'est l'objectif de ces salopards mais à ta place je soumettrais le problème à Bordewijk. Quand est-ce, ce séminaire ?

— Ça commence après-demain.

— Si c'est là qu'ils doivent frapper, ils le feront dès l'ouverture. Ils n'attendront pas. Pendant que tout le monde est en train de se congratuler, c'est encore plus spectaculaire. Où crèche Tim Carter à Amsterdam ?

— Il est descendu au *Die Port van Cleve,* dans le centre. Je vais le faire prévenir tout de suite.

— Okay, dit Frost, et laisse-moi ses coordonnées, pour le cas où j'aurais besoin de lui.

— C'est le 22.64.29. Et Tim est à la chambre 407.

L'homme au bandeau noir raccrocha, régla sa communication et alluma une autre Camel en secouant la tête d'un air accablé. C'est alors que Gordon McGowry entra dans la taverne, monumental. Le Mercenaire fit rajouter une bière, qu'il paya aussitôt pour pouvoir déguerpir sans tarder en cas de nécessité, puis tendit la chope à GMG en lui relatant son coup de fil avec O'Hara.

— *Godverdom !* s'exclama Gordon McGowry qui en tout lieu avait toujours aimé faire couleur locale.

CHAPITRE IX

Le camion s'arrêta brutalement. Sean Doherty empoigna sa bouteille d'eau transformée en cocktail Molotov à la mode bulgare. En cocktail Tardziov, s'il avait osé baptiser ainsi son engin de mort. Il était un peu plus de onze heures du soir et, si tout s'était bien passé, ils devaient être arrivés au terminus, non loin du stade de l'Ajax. Le moteur s'arrêta. Le chauffeur serra son frein de parking et relâcha la pédale du frein à pied. Il y eut une expiration pneumatique lorsque les bouteilles expulsèrent l'air comprimé. Aussitôt, Doherty composa le code d'ouverture sur un boîtier de télécommande. Il pressa le bouton et une paroi du container coulissa.

Le terroriste sortit, sa valise dans une main et, dans l'autre, sa bouteille d'eau minérale empoisonnée. Il composa un autre code, pressa le bouton pour refermer le container et glissa le boîtier dans sa poche.

S'il n'y avait pas eu d'embrouilles, Patrick et Mary devaient attendre de l'autre côté du stade, dans Kruislaan et guetter le départ du camion pour venir le chercher. S'il y avait eu des embrouilles, par contre, les responsables allaient avoir une mauvaise surprise sous la forme d'une douche d'eau minérale additionnée de Soman. Rien n'empêcherait Sean Doherty d'aller réaliser son action criminelle contre le séminaire de police scientifique au Congrescentrum d'Amsterdam. C'était une cible trop belle pour un terroriste. Une réunion de flics experts, plus techniciens que flics à la vérité, qui, dans les années à venir, allaient devenir les ennemis n° 1 du terrorisme international. Il suffisait de voir les résultats obtenus par le BKA. Ensuite les Britanniques et les Français s'étaient mis aux mêmes techniques, puis tous les pays d'Europe. Les Japonais et les Américains aussi étaient assez forts en la matière.

Un séminaire de ce type, pour un homme comme Sean Doherty, c'était la cible dont on n'osait pas rêver. Il faisait d'une pierre deux coups. D'une part, sur le plan médiatique, c'était une opération fabuleuse. L'anéantissement de tous les membres d'un congrès organisé sous le patronage d'Interpol ne pouvait que créer un sentiment d'insécurité chez les populations, peut-être même une panique. Deuxièmement, la police antiterroriste du monde entier allait mettre un bon bout de temps à reconstituer son potentiel humain.

L'Irlandais entendit des bruits dehors. On manipulait les plombages pour ouvrir les portes arrière du Hanomag. Encore une bonne idée de Tardziov d'avoir fait voyager les containers en TIR avec des plombages truqués. Certes, la présence des plaques « TIR » et des plombs ne constituaient en aucun cas une interdiction pour les douaniers ou les policiers d'ouvrir la caisse d'un véhicule et d'en examiner le contenu, mais ils avaient un caractère éminemment dissuasif, toute autorité brisant le plombage étant tenue de rédiger un procès-verbal pour justifier ce geste.

Sean Doherty se cacha. Les portes s'ouvrirent sur une nuit bleutée et l'Irlandais se sentit presque stupide en entendant le chauffeur crier joyeusement :

— Ajaxstation ! Terminus !

Il sortit de sa planque et sauta sur la chaussée. Une poignée de main, et le chauffeur le planta là avec sa valise et sa bouteille. C'est tout juste s'il attendit une minute. Les feux arrière du camion allemand venaient à peine de disparaître à l'angle de Middenweg et de Galilëiplantsoen qu'une voiture garée le long du terrain de sport démarra et approcha en veilleuses. Elle s'arrêta près de Sean Doherty et l'Irlandais reconnut une R 21 bleu foncé conduite par son complice Patrick O'Rourke. La portière du passager s'ouvrit, Doherty s'installa dans la Renault qui repartit aussitôt et bifurqua bientôt à gauche dans Hugo de Vrieslaan.

Sur la banquette arrière, était assise Mary Sullivan, troisième membre du groupe. Les terroristes échangèrent des salutations rapides puis Sean Doherty fit passer sa valise et sa bouteille à l'arrière.

— Attention, fragile, dit-il à l'intention de la fille.

— Où est la drogue ? demanda simplement l'Irlandaise qui était grande, sèche et plate comme un polder.

— Tu la trouveras au toucher, répondit Doherty. Du côté des armes et du Soman, le contact est dur. Du côté de la came, c'est mou.

La fille alluma une lampe de poche.

— Qu'est-ce que tu fais ? s'informa Doherty.

— Je vérifie qu'on ne t'a pas roulé sur la marchandise.

— Ça ne risque pas, assura Doherty. Les Bulgares ont autant d'intérêts que nous dans cette opération. Je ne vois pas pourquoi ils nous auraient roulés.

— Mary va quand même vérifier, dit Patrick O'Rourke. Je n'aime pas prendre ce genre de risque.

Il avait raison et Doherty dut l'admettre. La voiture roulait à vive allure. Elle atteignit bientôt Julianaplein, franchit l'Amstel par le pont communiquant sur Vrijheidslaan puis s'engagea dans Rooseveltlaan.

— Où va-t-on ? demanda Doherty.

— Je vais te montrer les abords du Congrescentrum, répondit O'Rourke, un rouquin au visage carré et creusé de profondes rides. J'aimerais que tu repères bien les lieux dès maintenant. On fait le coup après-demain, ce qui ne nous laisse pas beaucoup de temps pour les préparatifs.

— C'est vrai, convint Doherty. On travaille pratiquement sans filet.

A l'arrière, la fille enfonça une longue aiguille directement dans le flanc de la valise puis la ressortit et la plongea dans un flacon de réactif Marquis, un mélange d'acides incolore utilisé pour tester l'héroïne. Instantanément, le produit vira au violet.

La terroriste rangea son matériel et commenta froidement :

— De la marchandise de première qualité. Parfait. Les Chinois ne discuteront pas. On n'a pas de temps à perdre. On va te briefer sur le plan prévu pour l'attentat contre le Congrescentrum parce que c'est toi qui balanceras le Soman : tu es le plus expérimenté.

— OK, dit Doherty, qui de toute manière, n'avait pas l'intention de laisser ce privilège à qui que ce soit.

Après le tour du Congrescentrum, les deux autres terroristes lui expliquèrent qu'ils avaient rendez-vous en ville avec l'intermédiaire de Ko Tching Yuan pour établir les modalités de l'échange de la drogue contre l'argent.

***

Gorgon McGowry avait trouvé une place presque en face du *Toruko* pour garer la Volvo.

A mesure que la nuit avançait, les voitures, stationnées en épis, quittaient peu à peu les berges du canal.

— Il faut faire mettre un cordon de sécurité tout autour du Congrescentrum, dit l'énorme McGowry en avalant sa bière cul sec à une vitesse qui laissa pantois le patron du bar.

Il posa sa chope sur le comptoir, fit signe qu'on lui en serve une autre et lâcha un rot qui fit sauter le disque dans le vieux juke-box. Frost régla les consommations puis redemanda le téléphone et appela Tim Carter au *Die Port van Cleve.*

— Mike t'a mis au courant ? demanda-t-il.

Carter confirma, penaud.

— Dire que pas un d'entre nous n'y avait pensé...

— Le problème, c'est de savoir comment ils comptent s'y prendre, dit le Mercenaire. Si on ne s'est pas trompés, on a au moins un avantage sur eux : on connaît leur objectif et ils ne se doutent de rien. A mon avis, il faut faire surveiller tout le secteur du Congrescentrum mais éviter un quadrillage trop visible qui risquerait de leur mettre la puce à l'oreille.

Tim Carter partageait les vues du Mercenaire.

— Ne t'en fais pas, Bordewijk et Mike O'Hara s'en occupent. Tu peux leur faire confiance. Mike m'a dit de rester ici pour attendre ton coup de fil et de me mettre à ta disposition en cas de besoin.

Frost n'hésita pas. Au cas où la filature se

compliquerait, un homme de plus pouvait être le bienvenu.

— OK, Tim, tu peux toujours te pointer si le cœur t'en dit. Plus on est de fous, plus on rigole. Et puis, je suppose que ça t'intéressera de voir la tronche de ceux qui ont l'intention de te bousiller après-demain... Parce que je suis pratiquement sûr que c'est avec les terroristes que le dealer noir a rendez-vous.

Dehors, les touristes avaient pratiquement tous déserté Kloveniersburgwal. Il était près de deux heures du matin et la population du quartier devenait de plus en plus interlope. La taverne aussi commençait à se vider. Les voitures quittaient les berges, laissant des places de stationnement libres.

Une R 21 bleu foncé vint se garer juste à côté de la Volvo. Le Mercenaire et McGowry la regardèrent machinalement et, soudain, quelque chose les frappa. Il y avait deux hommes et une femme dans la voiture. Les hommes, un blond à l'air juvénile et aux cheveux coupés en brosse, et un type plus vieux, roux, avec un visage carré creusé de profondes rides, se dirigèrent droit vers l'entrée du *Toruko*, laissant la femme près de la voiture. Comportement pour le moins insolite. Il est vrai que le *Toruko* était un endroit réservé aux hommes mais, dans ce cas, pourquoi étaient-ils venus avec une femme pour la laisser dans la rue? Deuxième élément qui avait de quoi étonner : le jeune homme blond portait une gabardine pliée sur le bras droit. On aurait été en hiver ou en automne, le Mercenaire n'y aurait prêté aucune attention. Mais, étant donné la chaleur qui régnait à Amsterdam depuis le début de juillet, pourquoi porter cette gabardine ainsi, si ce n'était pour cacher une arme de dimensions relativement importantes ?

Apparemment, McGowry avait tiré la même conclusion que Frost.

— J' te parie que ces trois pèlerins sont nos clients, dit-il.

Sur un signe de Frost, ils quittèrent la taverne et sortirent. En face, de l'autre côté du canal, Stonba et Jumbo montaient toujours leur faction. Le Mercenaire devait se montrer très prudent s'il ne voulait pas se faire remarquer des sbires de Ko Tching Yuan. Planqué derrière un platane, il essaya de détailler la fille. C'était un grand échalas osseux plat comme une limande, avec une longue tête aux traits chevalins.

L'homme au bandeau noir la confronta à son trombinoscope intérieur. Inconnue au bataillon.

L'air désœuvré, elle fit quelques pas le long du canal, donna un coup de pied dans une pierre qui atterrit dans l'eau, semant la zizanie dans une société de canards.

Puis elle revint vers la voiture. Ils avaient fait un crochet par un restaurant indonésien — les seuls ouverts toute la nuit — pour avaler un morceau et maintenant, Mary avait une soif d'enfer. Sans doute à cause des épices. Il y avait une petite taverne de l'autre côté du canal. Elle faillit céder à l'envie d'aller s'y offrir une chope de bière. Puis elle songea que la valise contenant la drogue et le Soman étaient toujours dans la R 21. C'était un risque qu'elle ne pouvait pas prendre. Ici, il pouvait arriver n'importe quoi. Vol de la valise, vol de la voiture... Puis elle se souvint de la bouteille d'eau minérale avec les bagages de Sean.

Elle ouvrit la portière, prit la bouteille. Même pas entamée. Sean devait avoir trop de soucis en tête pour penser à boire pendant le voyage depuis Sofia. Continuant à faire les cent pas le long de Kloveniersburgwal, Mary Sullivan déchira la bande de plastique autour du bouchon, ouvrit la bouteille, porta le goulot à ses lèvres.

Ce fut son dernier geste. De leur cachette, Frost et McGowry la virent soudain se raidir, le bras encore levé, la main crispée sur la bouteille. Le produit à base de Soman venait d'entrer au contact de ses lèvres.

Figée, granitique, droite comme une statue, la grande femme tomba en arrière, comme paralysée dans la même position, s'aspergeant le visage et le corps avec le contenu de la bouteille. Pendant quelques secondes, les deux Américains en restèrent médusés. Jamais encore ils n'avaient vu une chose pareille. La fille était tombée, complètement droite, comme si tous ses muscles s'étaient raidis, empêchant même ses articulations de fonctionner. C'était hallucinant, contraire à toutes les lois de la nature. Aussitôt, des curieux se pressèrent autour du corps. Stonba et Jumbo approchèrent, eux aussi. Puis une Golf bleue de la police d'Amsterdam arriva et se gara le long du canal. Les deux skins filèrent sans demander leur reste. Ce n'était pas le moment de se faire arrêter par les flics...

— Allons voir, décida le Mercenaire. J'aimerais bien comprendre ce que ça veut dire. On dirait que cette fille a été victime d'une énorme crampe qui lui a saisi le corps juste au moment où elle buvait.

Gordon McGowry était blême comme jamais ne l'avait vu Hank Frost. Le gorille avait toujours détesté les choses un peu magiques. Ça lui faisait peur.

Au moment où les Américains arrivaient sur les lieux, les policiers étaient en train de repousser la foule et de fermer le cordon autour de Mary Sullivan.

Un homme se précipita, expliquant en néerlandais qu'il était médecin. Les flics le laissèrent passer. Il examina Mary Sullivan d'un air abasourdi puis porta la main à son chemisier pour le dégrafer, pensant aider la fille à respirer. A la seconde où sa peau entra au contact du tissu mouillé, l'homme se statufia exactement comme Mary quelques instants plus tôt.

Voyant cela, un policier lui tendit une main secourable. Sa bravoure fut mal récompensée. Le médecin l'entraîna dans sa chute. Dès que sa main toucha le liquide, le policier mourut lui aussi, dans une position encore plus grotesque que celle des deux autres.

Un vent de panique commença à souffler sur Kloveniersburgwal, autour des trois cadavres. Une autre voiture de police, sans doute appelée par la première, arriva en faisant hurler sa sirène.

Sans savoir au juste de quoi il retournait, le Mercenaire avait compris que les trois morts avaient été victimes d'un produit chimique agissant par contact sur la peau.

— *Don't touch them!* cria-t-il.

Pour la discrétion, c'était gagné.

— *Mijnheer, wilt u...* (1), commença un flic en le voyant approcher.

L'homme au bandeau lui cloua le bec en lui collant entre les mains l'autorisation du BVD signée par Bordewijk. Laissant le flic s'arranger avec son papier, il se pencha au-dessus des corps. Incroyable. Terrifiant. Biblique. Des statues de sel. Les cadavres étaient rigidifiés dans la position exacte qu'ils avaient au moment où le Soman les avait tués.

— Ecartez les gens, ordonna l'homme au bandeau noir. Que personne ne touche ces corps ni le liquide qui a coulé de cette bouteille. Faites un barrage avec des chiffons pour empêcher la flaque de s'écouler vers le caniveau ou vers le canal.

Le policier qui avait lu son papier le lui rendit et traduisit ses ordres.

(1) Monsieur, voulez-v...

— Vous avez une idée de ce que c'est ? demanda-t-il.

— Du Soman, répondit une voix dans le dos du Mercenaire.

L'homme au bandeau noir se retourna.

CHAPITRE X

Tim Carter venait d'arriver. Le sourcil froncé dans une expression attentive et préoccupée, il se pencha au-dessus des corps, les examina un instant puis se releva.

— Oui, répéta-t-il. On dirait bien l'action du Soman, un produit de l'arsenal chimique de l'Armée Rouge. Ça ressemble absolument aux effets de cette substance.

— Mais qu'est-ce que c'est ? demanda Frost. Comment ça agit ?

— Nous n'en savons strictement rien, répondit Carter. Tout ce que nous avons réussi à observer à ce jour, c'est la manière dont ce produit agit. Le reste nous est totalement inconnu. Tout ce que je puis vous dire, s'il s'agit de Soman, c'est que le produit qui a tué ces trois personnes est très certainement dilué.

— Qu'en savez-vous ? demanda le flic hollandais.

— A en juger par la taille de la flaque, nous serions tous morts à l'heure qu'il est s'il s'était agi de Soman pur. Il suffit simplement de s'emplir les poumons des émanations de ce produit pour mourir de la même manière que ces malheureux, tétanisé.

Frost, qui pourtant avait vu nombre de choses terrifiantes dans sa vie, sentit la chair de poule lui courir sur la peau. Plusieurs choses devenaient horriblement limpides cette nuit, sur ce trottoir d'Amsterdam. De sa grosse voix rocailleuse, McGowry en énonça quelques-unes dans son langage coloré :

— Comme ça, les Russkoffs ont donné une de leurs armes chimiques aux terroristes. Bande de salauds ! On vient à peine de se mettre d'accord avec eux pour déglinguer des missiles qu'ils nous tapent sur la gueule avec leurs poisons.

— La guerre chimique est de loin ce qui se fait de plus redoutable, philosopha Tim Carter.

— Et de moins cher, compléta Frost.

Il essaya de ne pas trop fantasmer sur les stratégies perverses déjà mises en œuvre par l'URSS pour anéantir l'Occident. Et si la réduction des missiles à portée intermédiaire n'était qu'une partie d'un plan atroce pour rendre l'Europe vulnérable à une attaque aux armes chimiques ? Il n'osait y perser. Une seule chose concrète était sûre : les Irlandais possédaient du Soman, témoin la mort de la fille, qui avait probablement manipulé le produit par erreur. En toute vraisemblance, c'est ce produit affreux qu'ils allaient utiliser contre le séminaire de police scientifique qui débutait dans une trentaine d'heures au Congrescentrum d'Amsterdam.

Il en tressaillit.

Sur le trottoir, Tim Carter était en train d'expliquer aux policiers hollandais toutes les précautions à prendre pour éponger le liquide et pour emporter les cadavres sur des civières sans toucher le produit mortel.

*
**

En entrant pour la deuxième fois au *Toruko*, cette nuit-là, Gus n'était pas passé par la caisse comme lorsqu'il était venu à la recherche de Wibo Harrijur. Il avait immédiatement frappé à la porte de la direction où les ordres de Ko Tching Yuan étaient arrivés par téléphone. Une Chinoise en *cheongsam* (1) l'avait aussitôt piloté vers un grand salon privé réservé aux parties fines des clients de choix. Ici, ce n'étaient pas les matelas pneumatiques des salons de massage du bord de la piscine, les coussins étaient faits de velours et de soie, les murs drapés et agrémentés de scènes du Kama-Sutra, le Jacuzzi bouillonnait au milieu de la pièce.

La jeune Chinoise s'était employée de son mieux à faire patienter Gus en attendant l'arrivée des Irlandais. Maintenant, ils étaient là. La fille avait remis sa *cheongsam* et montait

(1) Robe fendue.

la garde devant la porte. Personne ne devait entrer. Ordre personnel de M. Ko.

— Voilà, dit Gus. Est-ce que ça vous convient ?

— Des diamants..., fit Doherty. Qu'est-ce que tu en penses, Pat ?

O'Rourke eut un haussement d'épaules.

— Personnellement, je m'en fous, répondit-il. La question est de savoir si les Bulgares accepteront d'être payés en diams, voilà tout.

— Ils accepteront, affirma Gus avec l'assurance monumentale dont il faisait preuve maintenant qu'il était un personnage important au sein de la 14 K. Vous pensez bien qu'étant donné l'irrégularité des cours du dollars, ils ont tout intérêt à accepter des pierres précieuses en paiement.

— Vingt-cinq millions de dollars de diamants, c'est compromettant, observa Sean Doherty.

Tout à fait, songea Gus avec cynisme, *surtout s'il s'agit de faux diamants.*

Quelle idée géniale, il avait eue de faire appel à Harrijur qui, de temps à autre, l'avait approvisionné en fausses pierres pour de petites arnaques. Mais là, il s'agissait de l'arnaque du siècle. Avec la culbute qu'il allait réaliser sur la vente au détail, Ko Tching Yuan empocherait entre soixante et soixante-dix millions de dollars. Avec, en plus, le plaisir d'entuber les Bulgares de vingt-cinq millions. Avec un coup pareil, Gus n'avait plus de souci à se faire pour son avenir professionnel. Il allait devenir le bras droit du chef de la 14 K.

Car, aucun doute, les Irlandais n'y verraient que du feu. Les faux de Harrijur étaient d'authentiques merveilles. Et puis ce n'était pas le rayon des terroristes, la joaillerie. Oh, la supercherie serait découverte un jour, ça ne faisait aucun doute ; mais à ce moment-là, les diamants seraient à Sofia et l'argent de l'héroïne dans les coffres de Ko.

— Songez, ajouta le dealer, que ça va en plus vous faciliter le transport. Vingt-cinq millions de dollars, c'est sacrément moins encombrant sous forme de diamants que sous forme de petites coupures usagées...

— Impossible de joindre Gricha Tardziov, dit Sean. Je prends sur moi d'accepter.

L'intérêt du terroriste était, avant tout de ne pas perdre de temps. Il avait tout à gagner à ce que le marché soit conclu rapidement.

— Voilà ce qu'on appelle conclure rondement une affaire, approuva Gus. Rendez-vous demain matin à bord de la péniche *Balik Papan* sur l'Amstel, près de l'endroit où le fleuve rejoint le Singelgracht. Nous aurons les diamants.

Harrijur s'était fait tirer l'oreille. Il s'était montré un peu plus âpre que prévu sur les prix. Mais Gus avait obtenu gain de cause. Harrijur avait promis pour le lendemain des faux diamants correspondant à une valeur de vingt-cinq millions de dollars. Vingt-cinq millions de dollars, s'ils avaient été vrais, bien évidemment... Gus sourit dans sa barbe. Jamais Harrijur n'avait failli à une promesse.

— Nous aurons l'héroïne, dit Sean Doherty.

Les deux Irlandais saluèrent d'un mouvement de tête et tournèrent les talons. Devant la porte, la Chinoise montait sagement la garde.

— Ty, lança le Surinamien. Reconduis ces messieurs à la sortie. Ensuite, tu reviendras me voir ici. J'ai encore deux mots à te dire.

Ty sourit, s'inclina profondément devant « ces messieurs » puis se mit en route et les précéda vers la sortie en tortillant du popotin sous sa robe fendue.

*
**

En sortant du *Toruko*, Sean Doherty comprit immédiatement ce qui s'était passé.

— Nom de Dieu..., souffla-t-il en décochant un coup de coude dans les côtes de O'Rourke. Elle a pris ma bouteille, elle... elle a bu.

O'Rourke était fasciné par le spectacle des corps raidis, dans des postures extravagantes, semblables à des monstres de fer forgé, qu'on emportait sur des civières.

— Et alors ? parvint-il à articuler au bout de quelques secondes.

— J'y avais fait une injection de Soman.

Pour les deux terroristes, ces pauvres flics hollandais devaient être complètement désemparés devant ce qui arrivait. Comme personne ne les avait vus entrer au *Toruko*, peut-être réussiraient-ils à filer discrètement en jouant les badauds las du spectacle, qui reprennent leur voiture pour rentrer chez eux.

Ils y parvinrent presque. O'Rourke venait de passer la marche arrière pour dégager la R 21 de son stationnement quand le Mercenaire, toujours occupé avec Carter et les policiers d'Amsterdam, se rendit compte que quelque chose changeait dans le panorama de Kloveniersburgwal.

— Gordon ! cria-t-il.

Le réflexe du gorille fut instantané. Il dégaina son arme. Un Colt 45. Le gros pétard classique, ne déparant pas le look de son propriétaire. Dans le rétroviseur, O'Rourke repéra les deux hommes qui s'élançaient à leur poursuite. Il acheva sa marche arrière à toute allure, contrebraqua et démarra sur les chapeaux de roues, renversant au passage un homme qui traversait la rue.

La Volvo de Frost était coincée par les voitures de police. Impossible de s'en servir. McGowry et le Mercenaire ouvrirent le feu sur la Renault. A l'intérieur de la voiture, Sean Doherty s'employait à récupérer sa précieuse valise sur le siège arrière. Il y parvint, au prix d'une série de contorsions acrobatiques, se la posa sur les genoux et tira son Skorpian de sous sa gabardine. A la même seconde, il entendit l'impact d'un projectile dans une roue arrière. La Renault fit une embardée.

— Ça ne répond plus ! cria O'Rourke. Ouvre ta porte, on se tire !

Il freina. Simultanément, les deux hommes

se jetèrent au sol et roulèrent sur le pavé de Kloveniersburgwal. Une performance remarquable de la part de Doherty qui devait se débrouiller pour protéger entre ses bras croisés sa valise et son Skorpian. La R 21 abandonnée s'arrêta dans un bruit de ferraille contre la glissière métallique qui bordait le canal. Les deux hommes se retrouvèrent devant leur véhicule. Sean Doherty colla sa valise entre les mains de O'Rourke.

— Fonce ! Je te couvre !

Tête baissée, le terroriste s'élança au milieu de la foule terrifiée. Doherty lâcha une rafale en direction des hommes armés, derrière lui, puis fonça sur les traces de son complice.

McGowry et le Mercenaire ripostèrent une fois, sans atteindre leur cible puis cessèrent de tirer. Les deux Irlandais étaient trop loin et, maintenant, ils risquaient de toucher des badauds en continuant à utiliser leurs armes dans cette cohue.

Sean Doherty n'avait pas ce genre de scrupule. Il tira encore deux rafales de Skorpian, blessant un policier au ventre. Frost et McGowry se rendirent à l'évidence : les deux autres étaient trop loin. Impossible de les rattraper et impossible de leur tirer dessus dans la foule. Ils cessèrent de courir. Ah, s'ils avaient eu des motos.

Gus était entre les bras accueillants de la jeune Chinoise lorsqu'il entendit la fusillade dans la rue. Les Irlandais ? Il eut un instant d'hésitation. Ça devait correspondre à leur départ. Mais qui aurait pu les surprendre ? Après tout, c'était peut-être un règlement de compte qui n'avait rien à voir avec eux. Mais il fallait absolument en avoir le cœur net.

Repoussant dans les coussins la tigresse de Hong-Kong, le Surinamien se leva, s'habilla à la hâte et fonça vers la rue.

Des voitures de police partout. Ça sentait le roussi. A deux cents mètres de l'entrée du *Toruko*, une R 21 était immobilisée au bord du canal, le nez dans la glissière, et crachait la vapeur de son radiateur dans l'air doux de la nuit.

Dans un hurlement de sirènes, des ambulances fonçaient sur l'autre berge en direction de l'hôpital. Aucune trace de Sean Doherty, Patrick O'Rourke ou Mary Sullivan. Gus voulait absolument comprendre.

Après tout, il n'avait rien à se reprocher et, en Hollande, on n'arrêtait pas les gens sans une importante accumulation de preuves irréfutables.

Gustav Hendrijk Botha traversa la rue et se dirigea vers le cordon de police dressé en bordure du canal. Il prit toutefois grand soin de se mêler à un groupe de curieux, pour le cas où quelqu'un le chercherait.

Il approcha et ne comprit rien. Près du canal, des hommes équipés de masques à gaz et vêtus de combinaisons de protection, étaient en train d'éponger une flaque de liquide.

Il avait dû se produire ici quelque déversement accidentel de produit polluant. Aucun intérêt. Gus pensa qu'il avait rêvé les coups de feu. Il décida de retourner au *Toruko* profiter de la douce Chinoise qu'on mettait à sa disposition. Ensuite, il irait faire son rapport à Ko Tching Yuan.

Il fit demi-tour et crut qu'il allait tomber d'une crise cardiaque au milieu de la rue. Le type borgne à la moustache qui s'était fait attaquer l'après-midi par Stonba et Jumbo était là, bras croisés, jambes écartées, et le regardait avec morgue.

— *Hi, Gus !* lança le Mercenaire. *How are you, man ?*

Le Noir se remit presque aussitôt de sa surprise et, dégainant son Opinel, plongea en avant.

CHAPITRE XI

La jambe crochetée par le pied de Gordon McGowry, le Noir rata son pas et s'écroula sur le pavé devant le Mercenaire qui, d'un coup de talon bien appliqué sur le dos de la main, lui fit lâcher son couteau.

Gus poussa un hurlement strident, où se mêlaient la douleur, la colère et la surprise. Gordon ne lui laissa pas le temps de souffler, il l'empoigna par le col de son perfecto et le souleva pratiquement de terre.

— Lâchez-moi, protesta le Surinamien. Vous n'avez pas le droit !

D'un solide coup de coude au creux de l'estomac, GMG lui fit rentrer ses paroles dans la gorge.

— Salaud ! cracha Gus, à bout de souffle.

McGowry l'empoigna par une oreille et tordit brutalement.

— Répète ! dit-il, levant la main sans lâcher l'oreille pour obliger le Noir à se dresser sur la pointe des pieds.

— Arrêtez, merde, vous me faites mal...

gémit Gus, perdant soudainement son arrogance.

Le tenant toujours à bout de bras par une oreille, McGowry se tourna vers le Mercenaire et ricana :

— Qu'est-ce qu'on fait ? On attend l'arrivée des autres pour jouer à vingt questions ou on commence tout de suite ? A moins que t'aies envie de faire connaissance avec l'autre oreille de monsieur... A nous deux en le prenant chacun d'un côté, on arrivera peut-être à le soulever.

Cette espèce de sadisme, un peu enfantin mais néanmoins très cruel, fit sourire l'homme au bandeau noir.

— Les autres ne devraient pas tarder à arriver, dit-il. Je pense qu'on peut commencer tout de suite.

Dès l'arrivée de Tim Carter sur les lieux, il avait fait téléphoner à Mike et à Bordewijk pour les mettre au courant. En pleine nuit, en fonçant comme des fous avec leur Porsche, ils ne devraient pas tarder à arriver.

— D'accord, approuva McGowry avec une complaisance non feinte.

Faire parler les gens qui n'avaient pas envie de parler avait toujours fait partie de ses passe-temps préférés. Pour éviter les problèmes avec la ô combien légaliste population néerlandaise, ils décidèrent d'aller questionner leur prise derrière une voiture de police, histoire de ne pas trop se faire remarquer avec des pratiques moins conventionnelles que celles de la police d'Amsterdam.

A peine furent-ils cachés aux yeux de la foule que l'énorme patte de McGowry s'abattit à toute volée sur la joue de Gustav Hendrijk Botha.

— Qu'est-ce que vous faites à cet homme ? demanda un policier hollandais, l'air affolé.

— Il l'interroge, vous ne voyez pas ? répondit paisiblement Tim Carter.

— Mais..., reprit le flic. Ce ne sont pas des procédés. Et puis, il ne lui a pas posé de questions avant de le frapper...

— Ça, grogna McGowry d'un ton grinçant. C'est pas un interrogatoire, c'est juste un échauffement. Si on attaque directement à froid, c'est un coup à s'esquinter les phalanges. Alors voilà, je m'échauffe, pas plus compliqué que ça... Et je vais quand même pas poser des questions pendant l'échauffement alors que l'interrogatoire est pas encore commencé. Ça serait de la cruauté gratuite.

Ecœuré, le flic tourna les talons en grommelant :

— Je vous préviens que j'en référerai au capitaine Bordewijk. Je désapprouve totalement ces façons de faire.

Il allait partir rejoindre ses hommes quand le Mercenaire l'attrapa par le coude.

— Hep, c'est un peu facile ! Moi, ce que je réprouve, ce sont ces trois morts et les autres victimes que les terroristes s'apprêtent à faire. Ce type les a aidés, c'est clair ? On n'a pas de temps à perdre et on emploie les seuls moyens qu'ils nous laissent pour leur faire cracher le morceau.

D'un vague mouvement d'épaules, le flic hollandais indiqua qu'il ne savait plus que penser sur la question. Selon toute apparence, il s'en lavait les mains car il persista à s'en aller rejoindre ses hommes.

— Ne me laissez pas avec ces types-là ! supplia Gus. Ils vont me tuer !

Une baffe aussi monumentale que la première tomba sans avertissement sur son oreille gauche. Le Noir laissa échapper un hoquet de stupeur et de souffrance puis tituba, déséquilibré par la violence du coup.

— Arrêtez, murmura-t-il, des larmes dans les yeux. Ce n'est pas légal ce que vous faites là...

— Pas possible, grogna le Mercenaire. C'est une maladie chez ces crapules. Cet après-midi c'était Heselaars qui me menaçait de porter plainte...

— Il ne risque plus de se plaindre, là où il est maintenant... ricana GMG d'une voix mauvaise.

— Vous êtes au courant ? bredouilla Gus, fortement ébranlé.

— Un peu, mon neveu, répliqua McGowry.

Et, par souci d'équilibre, il assena un coup de battoir sur l'oreille droite de Gus qui poussa un gémissement déchirant.

Frost sentait que ça prenait une bonne tournure.

— Hé ! arrange-toi pour que ça ne se voit pas, conseilla-t-il au gorille. J'ai l'intention de me servir de ce monsieur et, pour ce que je compte en faire, il faut qu'il soit à peu près présentable.

— Ben dis donc, observa McGowry, heureusement que tu me préviens à temps. J'allais justement lui éclater les lèvres contre les quenottes de devant. Bon bien... Puisqu'il faut pas que ça se voit...

La phrase du gorille s'acheva dans un « han ! » retentissant, mélange du bruit d'effort produit par McGowry lorsqu'il enfonça son poing dans l'estomac du Noir et de la plainte de Gus lorsqu'il reçut ledit coup de poing audit endroit.

Il était mûr, terrorisé, tremblant comme une feuille. Ç'avait été plus facile que Frost ne l'avait imaginé. Avant même l'arrivée de O'Hara et de Bordewijk, Gus vida son sac.

En moins de cinq minutes, Hank Frost apprit une partie de ce qu'il savait déjà, notamment, que les Irlandais arrivaient avec de la drogue et du Soman, pour vendre la première et pour utiliser le second dans un attentat.

Gus ignorait le lieu de l'attentat. Mais Frost avait de plus en plus de raisons de penser que c'était le Congrescentrum. Par contre, l'Américain apprit une chose tout à fait intéressante et que Gus savait depuis peu grâce à une indiscrétion de Ko Tching Yuan : la drogue et le Soman étaient fournis par le DS bulgare et le responsable de l'opération était un certain Gricha Tardziov de la Kintex. Un nom à retenir.

Le Noir avoua aussi le meurtre de Marcus Heselaars. Malheureusement, il ne connaissait pas ce qui, pour les Américains, était l'essentiel : le lieu de la planque des terroristes irlandais.

C'est alors que Gus, qui n'hésitait jamais à retourner sa veste quand il y avait intérêt, leur indiqua une solution simplissime pour retrouver les Irlandais.

— Il faut me relâcher si vous ne voulez pas casser tout le processus, dit-il. C'est moi qui dois aller chercher les faux diamants chez Harrijur et les porter à la péniche. Ce soir, au *Toruko*, c'était juste une prise de contact. C'est demain matin que l'échange doit avoir lieu. Vous n'aurez qu'à les guetter autour de la péniche et les suivre pour repérer leur planque.

— On y sera, promit le Mercenaire. Et, ne t'en fais pas pour nous, on ne se trompera pas de chemin. Parce qu'à partir de maintenant, mon ami et moi, on ne te décolle pas d'une semelle.

Il avait tendance à penser que Gus était assez intelligent pour ne pas tenter d'entourloupe. Mais mieux valait assurer. Pour commencer, le Noir allait raconter que son scooter était en panne. Frost et McGowry allaient le conduire en voiture jusqu'à proximité de la péniche.

A l'évidence, les deux skinheads chargés de le surveiller avaient déguerpi, dissuadés de poursuivre leur filature par l'agitation policière devant le *Toruko*.

McGowry prit le volant de la Volvo et la dégagea. D'un geste autoritaire, Frost invita le Surinamien à grimper à l'arrière de la voiture. Il s'y engouffra et un flic claqua la portière derrière lui.

***

Gus s'était montré à la hauteur. L'échange de la drogue et des pierres avait eu lieu à la péniche *Balik Papan*. Frost et McGowry avaient pu prendre un peu de repos pendant que les hommes de Joop Bordewijk se relayaient pour assurer la filature des terroristes. Il n'était pas question d'intervenir sans une certitude absolue de pouvoir maîtriser les deux sinistres individus. Jusqu'à présent, en effet, eux seuls savaient quelle quantité de Soman ils possédaient. S'ils étaient suffisamment suicidaires — et Frost pensait qu'ils l'étaient —, ils étaient capables, en cas d'attaque surprise, de balancer leur produit n'importe où et d'exterminer la moitié de la ville.

Bien entendu, au GAL, au BVD et à la GRC, on suivait l'évolution de la situation seconde après seconde. Si tout allait bien, ce serait la première fois que des services de renseignement du bloc occidental mettraient la main sur une quantité de Soman suffisante pour permettre aux chimistes d'étudier ce produit.

Peu après le passage de Gus chez lui, un certain Wibo Harrijur avait eu la mauvaise surprise de voir d'importantes forces de police cerner son atelier de Jodenbresstraat. Incapable d'expliquer la présence des importantes sommes d'argent et des faux diamants trouvés sur place, Harrijur fut interpellé et traduit en justice.

Il était maintenant trois heures de l'après-midi. Frost et McGowry, un peu abrutis par leur dure nuit, montaient la garde à bord de la Volvo. Bien cachés par une haie d'églantiers en bordure de l'Amster, ils se relayaient pour surveiller la péniche de Ko Tching Yuan.

Mike O'Hara et Saskia van Izendorn supervisaient le dispositif discrètement installé autour du Congrescentrum. Rien ne prouvait encore formellement que c'était la cible des terroristes mais, faute de mieux, on surveillait de près l'endroit le plus vraisemblable pour leur coup. Aux allées et venues des Irlandais, il paraissait effectivement clair que, malgré leurs mésaventures de la veille à la sortie du *Toruko,* Doherty et O'Rourke ne renonçaient pas à leur projet.

Frost et McGowry somnolaient à moitié. Ils avaient juste à garder un semblant de surveillance sur la péniche, la filature des Irlandais étant actuellement assurée par les hommes de Bordewijk.

Soudain, un bruit de moteur les tira de leur demi-torpeur.

Une vieille Honda verte s'arrêta sur le quai tout près de la péniche. Sean Doherty en sortit, suivi de Patrick O'Rourke. Les deux hommes montèrent sur le bateau.

Dans la cale, Ko Tching Yuan, flanqué de deux de ses Bruce Lee, était en train de superviser la répartition de l'héroïne entre les différents réseaux de deal. Dans un coin de la vaste pièce, Stonba et Jumbo jouaient au poker sur la caisse retournée en s'emplissant systématiquement de vodka. Tous deux avaient pas mal de choses à oublier, notamment la promotion du « keubla », qui avait su retourner la situation à son avantage après les fiascos successifs enregistrés par les deux skinheads.

Le Surinamien, fatigué de ses émotions, s'était abandonné dans un sommeil réparateur sur un matelas de mousse.

Brusquement, les deux gardes du corps chinois se tournèrent vers la porte. Trop tard. D'un grand coup de pied, Sean Doherty enfonça le battant et fit irruption dans la pièce, le Skorpian à la hanche, l'expression assez peu amicale.

— On ne bouge pas !

— Sean ! s'exclama Ko, l'air ravi de la surprise. Quel bon vent...

Il n'acheva pas sa question. Derrière Doherty, venait d'apparaître O'Rourke, un sac de toile à la main.

Le terroriste ouvrit le sac, y piocha une poignée de faux diamants et les lança vers le Chinois qui se protégea machinalement le visage.

— Qu'est-ce que c'est ? Qu'est-ce qui se passe ? demanda Ko Tching Yuan.

C'était plus fort que lui. Il fallait qu'il tente quelque chose alors qu'il savait la situation désespérée.

— C'est ça, fit Doherty d'un ton grinçant. Fais-moi croire que tu l'ignorais. Tous faux. Du toc ! De la merde !

La peur dilata les prunelles de Ko dans son vilain visage de batracien. D'un geste quasi imperceptible, il ordonna à ses tueurs de passer à l'action.

Avec une parfaite synchronisation, les Bruce Lee bondirent dans les airs pour porter un coup de pied sauté à Doherty. L'Irlandais releva légèrement son arme et la rafale du Skorpian cueillit les Chinois en plein vol. Deux tas de viande ensanglantée retombèrent inertes sur le plancher grossier. Puis Sean Doherty balaya la cale d'un long mouvement tournant, fauchant les hommes affectés à la répartition des sachets d'héroïne, fauchant Ko Tching Yuan, fauchant Stonba et Jumbo qui eurent à peine le temps de se lever de leur tabouret pour mourir debout. Fauchant Gus qui, éveillé par la première rafale, ouvrit l'œil pour voir la gueule noire du pistolet mitrailleur cracher la mort vers lui.

A bout de souffle, Joop Brodewijk arriva à la voiture du Mercenaire.

— Vous entendez? lança-t-il. Ils sont en train de s'entre-tuer!

Frost et McGowry hochèrent la tête avec un bel ensemble.

— Tout à fait, répondit placidement l'homme au bandeau noir. Eh bien qu'ils s'entre-tuent... Ça nous fera ça de boulot en moins...

— Bon Dieu! s'exclama le Hollandais, outré. Mais il faut intervenir!

— Vous voulez rire, Joop? Surtout pas. Je ne vois pas pourquoi nous risquerions nos vies et celles de vos hommes. Alors qu'à l'évidence, les Irlandais sont en train de massacrer les têtes de la triade 14 K. Moi je trouve ça parfait.

Le capitaine du BVD s'écarta de la Volvo. Décidément, on ne ferait jamais la police de la même façon en Hollande et en Amérique. Mais, dans le cas présent, Frost avait raison. Il ne fallait surtout pas intervenir, sous peine de risquer de perdre tous les avantages acquis jusqu'à présent.

Une attaque maintenant, provoquerait immanquablement la fuite des terroristes et peut-être l'impossibilité de les retrouver. S'ils avaient le Soman sur eux, c'était la catastrophe. Ils pourraient frapper n'importe où, n'importe quand, sans qu'aucune parade ne soit possible. Et s'ils possédaient suffisamment de produit, ils pouvaient commettre des attentats à des tas d'endroits différents.

Si les terroristes étaient tués pendant l'attaque par contre, et s'ils avaient caché le Soman quelque part, le produit serait perdu pour les chimistes occidentaux.

Bordewijk prit son émetteur-récepteur, pressa le bouton d'appel et ordonna :

— N'intervenez pas. Je répète...

Il n'eut pas le temps de répéter. A la seconde où Doherty et O'Rourke émergeaient sur le pont de la péniche, deux flics foncèrent sur le quai arrosant les terroristes de rafales de FAL.

CHAPITRE XII

La riposte ne se fit pas attendre. Planqué derrière une cheminée de la péniche, Doherty arrosa méthodiquement le quai. Les vitres de sa Honda volèrent en éclats en même temps que celles de la Rolls de Ko, garée non loin de là.

— Merde ! jappa l'homme au bandeau noir. Les cons !

Mais il était trop tard. Le vin était tiré.

Il dégaina son PSP au moment où la Honda explosait emportant avec elle vers le ciel les deux hommes de Bordewijk.

Suivi de près par Gordon McGowry il sortit de la Volvo et ouvrit le feu en direction de Doherty.

D'une rafale rageuse, le Skorpian força le Mercenaire à plonger sur le pavé du quai. Il sentit les projectiles passer au-dessus de lui comme un vol d'abeilles en colère. Il continua à progresser, rampant sur les coudes et les genoux, s'écorchant sur les aspérités de la pierre.

Seul un terroriste était armé mais il avait beau jeu de mettre en échec les hommes de Bordewijk, désorientés par des consignes contradictoires.

Soudain, traversant la largeur de la péniche en courant, O'Rourke plongea dans l'Amstel. A la manière dont son corps entra en contact avec l'eau, l'homme au bandeau noir comprit que l'Irlandais avait reçu une rafale pendant sa trajectoire aérienne. En fait, c'est un cadavre qui disparut dans une gerbe d'écume.

Le plongeon de son complice détourna l'attention de Doherty pendant une infime fraction de seconde. Le Mercenaire en profita pour se précipiter sur la passerelle, atterrissant à plat ventre sur le pont.

A toute allure il rechargea son PSP qui, bien que beaucoup plus précis que le Browning High Power et beaucoup plus facile à manier, présentait le désavantage de ne contenir que des chargeurs de huit cartouches.

Doherty l'avait repéré mais ne pouvait l'abattre sans se découvrir. Frost tira un projectile qui ricocha à gauche de la cheminée, obligeant le terroriste à se ramasser derrière son abri. La seconde suivante, c'est à droite de la cheminée qu'une balle de 9 Para ricocha avec un miaulement aigu.

Les hommes de Bordewijk se déployèrent sur le quai.

— Tirez haut, les gars ! leur cria le Mercenaire.

Il aimait autant que les rafales passent au-dessus de lui. Et puis, soudain, avec un rugissement de démence, le terroriste sortit de derrière sa cheminée. Les yeux dilatés par la rage, il brandit un petit objet dans sa main droite et le lança de toutes ses forces en direction du quai. La chose décrivit une parabole dans le ciel. Et, tout à coup, le Mercenaire comprit ce que c'était : le flacon de Soman.

Se voyant perdu, Doherty avait lancé en l'air le produit mortel. Il leva son Skorpian vers le flacon, dans une tentative désespérée pour emmener le plus de monde possible avec lui dans la mort.

De toute la puissance de sa voix, l'homme au bandeau noir hurla :

— Gordon ! Attrape !

Doherty était complètement exposé. Frost n'avait qu'à viser et à presser la détente. C'est ce qu'il fit. Frappé de plein fouet par le projectile de gros calibre, le terroriste fit deux pas en arrière puis se recroquevilla, portant les mains à sa poitrine où venait de s'épanouir une monstrueuse fleur rouge.

C'était fini. Les Irlandais avaient rendu l'âme tous les deux, offrant en prime à Joop Bordewijk le cadavre de Ko Tching Yuan et ceux de quelques malfrats, parmi lesquels Stonba, Jumbo et Gustav Hendrijk Botha.

L'homme au bandeau noir s'épongea le front et approcha du corps. Il reconnut aussitôt l'arme de Doherty. Un Skorpian, ce qui prouvait bien que Gus avait dit vrai : les Bulgares étaient derrière cette affaire. Il ramassa le pistolet mitrailleur et le rapporta à Bordewijk, qui était en train de monter à bord.

— Tenez dit-il. C'est un Skorpian. Mais vos techniciens seront certainement intéressés par les matériaux qui le composent.

— Pourquoi n'avez-vous pas essayé de le garder pour vous ? s'étonna très sincèrement le Hollandais.

— Bah..., dit l'homme au bandeau noir. Il a été pris sur votre territoire, à vous l'honneur de le disséquer...

— Et le Soman ?

L'Américain écarta les bras d'un geste fataliste.

— Ça, je ne sais pas... S'il le portait sur lui, vous allez peut-être le retrouver dans ses poches. Sinon...

Il dépassa rapidement le Hollandais et s'approcha de la Volvo.

— Alors ? demanda-t-il impatiemment.

McGowry écarta imperceptiblement le pan de son blouson, révélant le petit flacon tant convoité par les Américains.

— Hé, fit-il non sans fierté, le footballeur n'a pas perdu l'habitude d'intercepter les baballes...

***

Le lendemain, un magnifique coup de filet à la villa d'Apollolaan vint couronner la belle réussite de la veille. La saisie de drogues, de devises, de bijoux volés et de malfrats allait marquer à tout jamais les annales de la police néerlandaise.

Et, pour fêter ça, tout le monde se retrouva au *Selecta* autour d'une somptueuse *Rijstaffel.* Pourtant, malgré la délicieuse nourriture indonésienne, l'excellent vin et les discussions badines, on sentait quelques décharges électriques dans l'atmosphère.

Joop Bordewijk, Michael O'Hara, Saskia von Izendorn, Gordon McGowry et Hank Forst étaient réunis autour de la table.

O'Hara se sentait un peu frustré de devoir une des plus belles réussites de sa carrière à l'action de Frost et McGowry. Le Soman était parti vers les States dès la veille par la valise diplomatique. Bordewijk ne s'expliquait pas bien pourquoi mais il avait l'impression que les Américains ne lui disaient pas toute la vérité sur cette affaire. Saskia n'était pas totalement heureuse, non plus, malgré le dénouement de l'aventure. Elle ne pouvait oublier la fin horrible qu'une gamine innocente avait connue simplement parce qu'elle lui ressemblait. Quant à Gordon, qui avait intercepté magistralement le flacon de Soman, il était à cran à cause de O'Hara. Même américains depuis plusieurs générations, Irlandais et Ecossais seraient toujours comme chiens et chats.

Au beau milieu du repas, un silence gêné s'installa. On n'entendit plus que le bruit des maxillaires et le clappement des langues contres les palais brûlés par les épices.

Pour essayer de détendre l'atmosphère, Mike O'Hara demanda :

— A propos, Hank, Joop est curieux de savoir ce qui est arrivé à ton œil. Il n'osait pas te poser la question lui-même...

Frost avait toujours dans sa manche une bonne vieille histoire de bandeau qui faisait rire tout le monde.

Il alluma une Camel avant de répondre. Mais dès le début, O'Hara sentit que le cœur n'y était pas vraiment.

— Une malheureuse partie de strip-poker avec des cannibales, dit l'homme au bandeau noir.

— Et alors ? s'étonna Joop Bordewijk.

— Et alors, j'ai perdu. Le vainqueur pouvait choisir ce qu'il voulait. Il a pris l'œil gauche. Il paraît que c'est très fin.

— Très fin, sans doute, murmura Saskia, l'air dégoûté, mais ton canular ne l'est pas vraiment.

McGowry en profita pour envoyer sa vanne aux Irlandais.

— Si ça s'était passé en Irlande, ils auraient pris l'œil pour fourrer leur dundee cake. Vu le goût que ça a, personne ne se serait rendu compte de rien.

Et O'Hara bava sa blague écossaise préférée.

— Savez-vous comment on reconnaît un Ecossais du clan des McDonald ?

— Non ? fit Joop Bordewijk l'air sincèrement étonné.

— En soulevant son kilt, dit O'Hara. C'est

celui qui a deux petites miches avec de la viande hachée au milieu.

Personne ne rit. En fait, les plus détendus devaient certainement être Tim Carter et Frans Jordaens, qui dînaient dans le Nieuw Zuid après une journée de conférence bien remplie.

Frost servit du vin et demanda à Mike ce qu'il en pensait. Le Margaux 76 de la cave du *Selecta* méritait le détour à lui seul.

— Pas mal, pas mal le bordeaux maison, commenta le rouquin. Mais, franchement, moi j'aurai toujours un faible pour le Côtes-du-Rhône du Petit Restaurant *De Zon*.

Cette fois, tout le monde éclata de rire, à la grande stupeur de O'Hara. Tout le monde sauf son ami Hank Frost. Mais ce n'était pas par amitié que le Mercenaire ne partageait pas l'hilarité générale. Malgré la présence sensuelle de Saskia qui cherchait son genou sous la table, malgré la délicieuse *Rijstaffel*, l'homme au bandeau noir était coincé. Un nom tournait dans sa tête comme un leitmotiv obsédant. Le nom d'un sale individu avec lequel il aurait bien aimé régler quelques comptes. Tardziov. Gricha Tardziov.

Un jour, peut-être...

Achevé d'imprimer en février 1988
sur les presses de l'Imprimerie Bussière
à Saint-Amand (Cher)

— N° d'édit. 5462. — N° d'imp. 3613. —
Dépôt légal : mars 1988.

Imprimé en France